価値創造の考え方

期待を満足につなぐために

國部克彦・玉置 久・菊池 誠 編

日本評論社

〈企画〉
神戸大学バリュースクール

〈編集〉
國部克彦・玉置 久・菊池 誠

〈著者〉
武田 廣
國部克彦
祇園景子
玉置 久
菊池 誠
長坂一郎
小池淳司
忽那憲治
坂井貴行
藤井信忠
鶴田宏樹

まえがき

「価値創造（value creation）」は、洋の東西を問わず、企業や政府あるいはＮＰＯなどの組織の相違も問わず、未来を語る場合の共通のキーワードになっている。多くの企業は価値創造を経営理念に掲げ、政府機関やＮＰＯは社会発展のために価値創造を率先しようとしている。私たちも、意識的か無意識的かは別にして、よりよい価値を求めて日々の生活を送っている。このような事実は、価値創造が人間社会の根源に根差した現象であり、実践であることを示唆している。

しかし、価値創造を正面から思考することは難しい。どのような対象にも適用できるきわめて汎用性の高い価値という概念は、実際にはあまりにも多様であるため、共通の思考対象として設定することが難しいからである。一方、価値創造が人間社会の根本的な基盤であるとすれば、その能力を向上させることは社会の発展と人類の幸福に資するはずであるし、その教育は人材育成の根幹となるはずである。そのためには、価値創造を思考可能なプロセスとして示すことが必要となる。本書は、このような困難な課題に挑戦した一つの試みである。

価値の英語表現である value は名詞だけではなく、動詞でもあることからも推察されるように、価値は静的な現象ではなく、動的な側面も持つ。したがって、価値の静的な定義では、どのようなものであっても、その一側面しか捉えることはできず、全体を見るためには価値をプロセスとして把握する必要がある。これが本書を貫く考え方である。その思考の結果として本書が提案するのが、「期待」、「課題」、「結果」、「満足」の四つの要素の相互関係から価値が創造されるプロセスを示す「価値創造スクエア」である。本書の序章と終章は、価値創造スクエアに関する私たちの思考の到達点を示すものである。

一方、価値が動的な現象であるとすれば、それは行為の中にしか存在しない。逆に言えば、さまざまな行為の中に価値を発見することが、価値を創造するための思考を育み、豊かにするのである。本書では、序章に続く九つの章で、「啓く」「治む」「問う」「描く」「使う」「繋ぐ」「拓く」「創る」「学ぶ」という九つの行為の中で価値がどのように理解できるのかを検討している。そこで議論される具体的なトピックはさまざまであり、価値に対する言及の程度も濃淡があるが、多様な行為の中に価値創造という共通の実践がどのように組み込まれているのかを考えている。

世界に目を向ければ、国連が提案する「持続可能な開発目標（ＳＤＧｓ）」に代表されるように、世界は解決すべき多くの社会的課題を抱えている。世界的に経済格差がかつてないほど広がり、イノベーションの不足が叫ばれ、人類の共通の目標であったはずの民主主義も世界の各地で危機に直面している。それに新型コロナウイルスの蔓延が輪をかける構図となっている。このような問題をすべて一度に解決できる夢のような処方箋は存在しない。しかし、どのような社会的な課題も、人間一人ひとりが真剣に考えて行動しない限り、根本的な解決には至らない。そのときに起点になるのが、私たちにとって大切な価値は何かという根本的な問いである。

ところが、価値を根本から問おうとすると、しばしば思考の段階で止まってしまう。本書では、それを実践にまで結びつけるプロセスを「価値創造スクエア」として描こうとした。価値創造スクエアは、「期待」が「満足」に至るプロセスを、さまざまな場面に適用できるように概念化したものである。「期待」を「満足」につなぐことができれば、そこに価値が創造される。しかし、「期待」や「満足」という主観だけでは価値は創造できない。「課題」や「結果」という客観的な要素に落とし込まなければ、人間は行動できない。ところが、客観的な要素に落とし込んでしまうと、今度は「期待」や「満足」がもともっていた主観的な要素が棄損されてしまう。そうなると、「結果」が「満足」をもたらすことが難しくなる。価値創造スクエアは、価値創造をめぐる主観と客観のせめぎあいを思考可能にしたモデルである。価値創造のためのプロセスが形骸化しやすいのは、「期待」や「満足」という原点としての主観を忘れて、「課題」や「結果」という客観的な内容を自分の主観と同一視してしまう錯誤から生じている。この錯誤から人間を解放して、人間中心の価値創造はどのようなプロセスでなされるのかを考究した結果、たどり着いたのが価値創造スクエアである。その意味で、価値創造スクエアは、人間中心の価値創造を促進するための技能として位置づけることができる。

※　※　※

本書は、神戸大学が二〇二〇年四月に部局横断型組織として設置した「バリュースクール」（通称：

V.School）を契機として編まれたものである。価値創造は人類にとって最も重要な行為であるにもかかわらず、それを体系的に教育するプログラムは、世界的にみてもまだ十分に構築されていない。バリュースクールでは、価値創造教育プログラムを体系化し、学生を社会的課題を解決できる価値創造人材に成長させるために、日夜教育活動に取り組んでいる。本書で提案する価値創造スクエアは、バリュースクールが考える価値創造教育プログラムの基本モデルであり、本書で初めて世に問うものである。

バリュースクールは、大学の正式な機関であるが、その本質は、価値創造に関心を持つ教員と学生の自発的なつながりにある。バリュースクールの立ち上げにあたって、価値創造に関心をもつさまざまなバックグラウンドの教員が自発的に集まり議論する中で、スクールの骨格が形成されてきた。本書はそのような学問境域を超えた真の意味でのトランスディシプリナリーな空間で生まれたものである。

バリュースクール創設にあたっては、本当に多くの方々にお世話になっている。まず、バリュースクール設置の意義をいち早く見抜き、開校に導いて頂いた武田廣神戸大学長に心からの謝意を表したい。武田学長には本書の劈頭を飾る第1章もご寄稿いただいた。また、水谷文俊神戸大学理事・総括副学長、小田啓二神戸大学理事・副学長をはじめとする神戸大学役員の方々には、バリュースクールの設置・運営について、多大なご尽力とご支援をいただいている。あわせて深く感謝したい。

また、バリュースクールの趣旨に賛同いただき、ご支援いただいている企業の方々にも感謝申し上げたい。特に、日本M&Aセンター株式会社代表取締役社長の三宅卓氏、株式会社スマートバリュー代表取締役社長の渋谷順氏、神戸信用金庫理事長の西多弘行氏、パソナグループ代表の南部靖之氏には、物心両面で多大なご支援をいただいている。厚くお礼申し上げたい。

本書の内容は教員による議論だけで生まれてきたものではない。バリュースクールでの学生との日々の討議によって、私たちの考えが改善し進化したことは間違いない。本書の原稿は、バリュースクール生からボランティアを募り、学生から意見をもらって、改訂するというプロセスを踏んでいる。協力いただいた、北川知樹（経済学研究科博士後期課程）、久保雄一郎（経営学研究科博士後期課程）、後藤涼介（工学研究科博士前期課程）、黒澤彩織（経営学部）、小六祐輝（経営学部）、山田朱音（経営学部）、杉浦愛未（海事科学部）、羽瀬彩乃（国際人間科学部）、田中良樹（医学部）、澤岡善光（海事科学部）、近田佳乃（国際人間科学部）の皆さんにも、記して感謝の意を表したい。

また、本書の出版にあたっては、日本評論社の飯野玲さんに大変にお世話になった。私たちの細かい要望にも丁寧に対応くださり、飯野さんのおかげで本書の価値が増したことは間違いない。厚くお礼申し上げたい。

価値は決して無から生じるわけではない。人と人が結びつくことで、新しい価値が創造される。むすびつきによって、そこから思わぬ価値が創発することもあれば、目指すべき価値が具体的に設計されることもある。本書がきっかけとなって新しい結びつきが生まれ、新たな価値が創造されることを心から期待している。

二〇二一年二月一日

編者を代表して　國部克彦

目次

第3部 価値創造の実践

序章

価値創造スクエア——期待・課題・結果・満足

菊池　誠・國部克彦・玉置　久

1. はじめに

価値の創造は易しく、難しい。日常的でありきたりな行動から、オリンピックのような巨大なイベントに至るまで、人間や組織、共同体の活動はすべて価値の創造である。誰にも教えられなくても人は歩けるように、ことさらに何か難しいことを学んだり、特別な訓練を受けたりしなくても、誰もが価値を創造している。価値の創造を教えることや学ぶことは、歩き方を教えることや学ぶことと似て、不要で奇妙なことに思える。価値の創造は易しい。しかし、病気や怪我で歩けなくなったとき、スポーツ選手が何とかして100メートルをあと0・1秒早く走ろうとトレーニングするとき、歩くことや走ることは当たり前とは程遠い、とても難しいことになる。同じように、何か明確な目標や意図をもって価値を創造しようとするとき、価値の創造は当たり前とは程遠い、とても難しいことになる。価値を創造する素晴らしい技術者、経営者、芸術家たちがいる。しかし、同じように価値を創造しようとしても、うまくいかない。どうすれば価値が創造できるのかが分からない。価値の創造は難しい。

価値は概念的であり、現実的である。価値は、物理的な実体として現実の世界には存在しない。見ることも触ることもできないという意味で、価値は概念的である。しかし価値は、実際の具体的な行動の中から生まれ、現実の世界に影響を及ぼす。あれこれ考えて説明したものは、言葉で価値を概念の世界の中に写しとったものでしかない。その意味において、価値は現実的である。価値は概念的であり、それと同時に現実的である。この二面性が価値について語ること、考えること、そして、価値を創造することを難しくする。価値を創造するとは、何であるのかが分からないものを創り出すことである。

本書は、そのように、ことさらに語る必要がなく、しかも語ることが難しい、価値の創造について語ろうとする、良くいえば野心的、悪くいえば無謀な試みである。そのような本書の議論の中心にあるのが「価値創造スクエア」と名付けられた図式である。この図式を用いれば価値の創造が明らかになるわけでも、容易になるわけでもない。そもそも普段通りに価値を創造することで十分であれば、わざわざ価値創造スクエアのような図式を持ち出す必要はない。しかし、価値の創造について混乱して、どうしたらよいのかが分からなくなったとき、また、病気や怪我を克服して再び歩こうとするときや、あと0・1秒だけ早く走ろうとするときのように、何か特別な価値を創造しようとするとき、この価値創造スクエアが役に立つであろう。価値創造スクエアは、見通せる範囲は限られているとしても、価値の創造の何らかの一面を表している。その一面が見えただけでも、何か大きな違いが生まれるかもしれない。

本章の目的は、この価値創造スクエアを紹介することである。

2. 期待と満足

価値の創造は課題の解決によってなされる。社会のあり方が大きく変わり、解決すべき問題があふれる混乱の時代には、いかにして価値を創造するのかが大切な問題になる。

個人や家庭、友人同士などの小さな集団から、大企業や政府といった巨大な組織に至るまで、人間の活動の多くは課題の解決として理解できる。たとえば、人と会う約束があるのに雨が降っていて傘がない、びしょ濡れの惨めな姿でその人には会いたくない、雨に濡れずに待ち合わせ場所に移動するためにはどうしたらよいのか。自動車の販売台数が少なく赤字に転落した、販売台数を増やすためにはどうしたらよいのか。治療薬のない感染症が急激に拡大しているが簡単な衛生用品すら入手できなくなって国民に動揺が広がっている、国民の動揺を抑えるためにはどうしたらよいのか、等々。これらはみな解決すべき「課題」である。私たちの毎日の生活や、組織の活動の大部分は、こうした課題を解決するために費やされている。そもそも組織や集団の多くは課題を解決するために存在している。

課題の種類や性質、難しさは多様である。答えが見つからなくても大して問題にならない課題もあれば、社員や国民の生活や命、人類の運命に関わる重要な課題もある。処理しなければ困る否定的な課題も、解決できなくても構わないが取り組むこと自身が楽しみである肯定的な課題もある。簡単に答えの見つかる課題もあれば、どうしても答えの見つからない難しい課題もある。ただし、どのような課題であれ、もしも答えを見つけることで十分であれば、答えを見つけること自身は難しくても、話は単純である。現実の課題の多くは、ただ単に答えが見つかればよいわけではないから、話がややこしい。

パズルや算数の問題も課題ではあるが、それらには必ず答えがある。どんなに難しくても、答えを求める方法もある。そして、パズルや算数の問題ならば、正解が得られれば十分であり、それ以上望むものはない。もちろん、たとえば算数については、一つの問題を解いても満足せずにたくさんの問題を解いた方がよいであろうし、問題を解くだけでなく深い理解を追求する必要もあろう。しかしそれらは別の課題である。それに対して現実の課題では、苦労して答えを見つけても納得がいかない場合がある。答えを出した後からさらに多くの要求がなされる場合もある。はじめから答えなどなくて答えを求める努力が徒労に終わる場合もある。そもそも現実の課題については正誤が定まる「答え」という考え方は適当ではなく、課題を解く試みによって何らかの「結果」が得られるだけである。

現実の課題は厄介である。しかも、現実の課題からは逃げられない。現実の課題を放置してしまうと、企業は倒産するし、国家は崩壊する。それに対してパズルや算数の問題のような抽象的な課題は、多少の不利益や不愉快さを我慢すれば、課題を放り出してしまえば話は終わる。抽象的な課題と現実の課題は違う。

抽象的な問題と現実の問題の一番大きな違いは、抽象的な問題は基本的にそれだけが独立して存在しているのに対して、現実の問題は背景となる話題と切り離せないことにある。抽象的な課題にも背景となる話題があるが、その話題を完全に無視しても課題は成立する。一方、現実的な課題は背景となる話題に直接に埋め込まれていて、その背景を無視すると意味がなくなる場合が多い。そして、現実の課題については大方の場合、課題の背後に別の根本的な問題が潜んでいる。

その根本的な問題が具体的に何であるのかは課題によってさまざまであるが、それらはいずれも私たちの「期待」と深く関わっている。たとえば、雨に濡れずに待ち合わせ場所に移動するという課題の背後には、人に会うという期待がある。自動車の販売台数を増やすという課題の背後には、利益をあげて収支を黒字にするという期待がある。感染症対策として国民に衛生用品を配り国民の動揺を抑えるという課題の背後には、政府の危機管理能力への信頼を得るという期待がある。課題の背後には常に期待がある。その期待を実現するために課題が設定され、課題に対する結果が追い求められる。

さて、現実の課題については多くの場合、結果が得られるだけでは話は終わらない。これは、本当に欲しかったのはその結果それ自身ではなく、その結果によって期待が満たされ、「満足」が得られることだからである。たとえば、友人とドライブしようと考える。計画が実現されれば大きな満足が得られるであろう。しかし、本当に欲しいのは、よほどの車好きでなければ、ドライブすることそれ自身ではなく、友人と楽しい時間を共有することのはずである。特別な時間を作ろうと遊び心を出してオープンカーを選んだとする。状況によっては日差しが強くて肌が日に焼け、砂ぼこりで髪が痛んでしまい、友人の機嫌は悪くなる。この場合の結末は満足とは程遠い。課題と結果の前後には、図0-1のように、いつでも期待と満足がある。私たちに求められていること、私たちが望んでいることは「課題を解き、結果を導く」ことではなく、「期待に応え、満足を得る」ことである。

この図0-1の図式を、本書では一本道モデルと呼ぶことにする。ただし、この図式で満足と書いた場所に実現に現れるものは、満足ではなく不満足な場合もある。ここでは「満足する、しない」という判断の内容ことを、単に「満足」と呼んでいる。

もしも期待を取り違え、課題の設定を間違えれば、結果が得られても満足には至らず、どれだけ誠実に課題に取り組んでも、結末は悲劇か喜劇にしかならない。雨が上がるのを待てば雨に濡れずに待ち合わせ場所に移動できるが、そのときには友人は待ち合わせ場所にはいない。極端な値下げをすれば自動車の販売台数は増えるであろうが、収益は上がらず損益は黒字にはならない。不足している衛生用品を配れば直接的な不満への対応にはなるが、政府の危機管理能力への信頼にはつながらない。このような結末は、悲しく、苛立たしく、ともすれば腹立たしいほどに滑稽である。

価値の創造は課題の解決によってもたらされる。ただし、課題に対応する結果を作り出すことだけが価値の創造ではない。その結果を実際に使用することで得られる満足が価値を生み出す。ただし、価値がどのようなものであるのかは多様であり、課題がどのように解決されたかのによっても変化する。

たとえば、高価なスポーツカーには車それ自身の価値がある。しかしその価値は、その車を実際に運転するという経験と満足から得られる価値とはまるで違う。また、車を壊してしまい、工場で修理してもらうとする。ダメージがひどく完璧には修理できなければ、普通は不満が残る。しかし、もしも優秀な職人があらゆる手段を尽くして必死に努力する

図 0-1 課題解決：一本道モデル

期待 (Hope) → 課題 (Problem) → 結果 (Result) → 満足 (Satisfaction)

姿を見ていれば、不完全な修理結果でも十分に満足するかもしれないし、その職人の熱意が新たな価値を生み出すかもしれない。

価値は結果や満足だけからではなく、期待から満足に至るプロセス全体から生じるものである。価値の創造について議論するためには期待・課題・結果・満足という四つの項目すべてについて考える必要がある（図0-2）。

価値の創造について考えるために「期待・課題・結果・満足」という四つの項目を一列に並べて終わりにするのではなく、それらの相互の関係を考えることで得られる図式が、次節で紹介する価値創造スクエアである。

3. 価値創造スクエア

期待を満たし満足を得るためには、期待に対応する適切な課題の設定が重要である。現実の課題を解くときには課題を満たせばよいのではなく、期待が何であるのか常に思い返す必要がある。

しかし、期待に対応する課題を適切に設定することは簡単ではない。問題は三つある。一つ目は、期待を言葉で表現することが難しいことである。先に挙げた三つの課題解決の例では、いずれも期待は言葉で説明できる。そのため、課題が

図 0-2 価値の創造

期待・課題・結果・満足

価値

期待に対応しているかどうかは議論しやすい。しかし、現実の課題については課題の背後にある期待が明らかではない場合が多い。先の三つの例にしても、後から振り返り、少し引いた場所から冷静に見ているから期待が言葉で表せるのであって、自分自身が当事者として課題に向かい合っているそのときに、期待を言葉で書けるかどうかは分からない。

二つ目は、期待が満たされることが必ずしも満足には繋がらないことである。課題を解く過程で周囲の状況が変化する場合もあれば、自分自身の期待が変わる場合もある。タクシーで待ち合わせ場所まで移動すれば雨には濡れないが、雨がすぐに上がれば無駄使いしたと後悔するかもしれない。「下駄代わりに使うのだから」と経済性だけを考えて、燃費が良く低価格の車を購入しても、使い勝手が悪すぎれば全然乗らなくて無駄になってしまう。リストラによって経費を削減することで黒字化に成功しても、企業の基礎体力が削がれてしまい、後の発展が失われてしまうかもしれない。もちろん、期待が満たされるだけで満足が得られる場合もある。しかし、いつでも期待と満足が一致するわけではない。

三つ目は、課題や結果から切り離された期待や満足それ自身の存在が曖昧なことである。評判の良い新しいテーマパークが誕生すると、それまでテーマパークにはまったく興味がなかった人が、そのテーマパークに家族で遊びに行って楽しい時間を過ごしたいと期待するようになる。旧式の携帯電話で十分だと思っていた人が、魅力的で便利なスマートフォンを実際に手にしてみると欲しくなる。その期待はテーマパークやスマートフォンが登場する前から存在していたのだろうか。実際にテーマパークやスマートフォンを見た結果として期待が生まれたのかも知れない。潜在的に期待が存在していたのだとしても、意識できなければ存在していないことと違いがない。課題の背後には常に期待があるとしても、そのことは必ずしも課題に先立って期待が存在することを意味するものではない。

現実の世界では、期待を伴わない課題には意味がない。逆に、課題として表現されてはいない期待そのものを考えることも難しい。結局、「期待と課題」はどちらか一方だけを先に考えることができるものではなく、その二つは一まとめにして考えるしかない。

「結果と満足」についても同じことが言える。期待から課題を作り出されると考えれば期待は課題の前になければならないように、結果から満足が得られると考えるのであれば、結果は満足の前になければならない。しかし、結果は何らかの判断や評価のもとで存在することが意識されるものである。この判断や評価を抜きに、結果そのものを理解することは難しい。そして、先にも述べたように、ここでは「満足する、しない」という判断や評価のことを簡単に「満足」と呼んでいる。その意味での満足を考えるのであれば、満足から完全に切り離された結果そのものを考えることはできない。

現実の課題は常に「期待→課題→結果→満足」という一本道で解決されるわけではない。現実の問題について議論するためには「期待と課題」「満足と結果」をそ

図 0-3 価値創造スクエア：基本型

課　題	→	結　果	（客観）
｜		｜	
期　待	→	満　足	（主観）

れぞれ組にして得られる、図0-3の四角形の図式を考える必要がある。

この四角形の図式が「価値創造スクエア」である。価値は直接的には満足によってもたらされる。しかし、満足には結果が伴い、「満足と結果」は「期待と課題」から導かれる。前節でも論じたように、価値の創造について議論するためには、「期待・課題・結果・満足」という四つの項目すべてについて考える必要がある。図0-3の四角形の図式は価値が創造される「場」である。スクエアという言葉には「四角」のほかに「広場」や「街の区画」という意味がある。「価値創造スクエア」とは価値が創造される「場」である。

価値創造スクエアの上辺に置かれた「課題」や「結果」は言葉や数値で表現されるものであり、その意味で客観的、形式的なものである。理性というものを言葉で重ねる概念的な推論だと考えれば、この上辺は理性的、概念的なものであるし、合理的、論理的なものもこの上辺に関わっていると考えられる。これらのことを、言葉の本来の意味とは多少の差異はあるが、ここでは「客観」と呼ぶことにする。

それに対して、価値創造スクエアの下辺に位置する「期待」や「満足」は言葉や数値で表すことは難しいが、実際に時間の流れとともに存在するという意味で現実的なものであり、心の中に生じるという意味では主観的なものである。これは感覚的、経験的なものでもあるし、歴史をもつ集団に伴う、必ずしも明文化されていない価値観や風習といった文化的、伝統的なものも関わる。これらのことを、ここでは「主観」と呼ぶことにする。

前節の図0-1で紹介した一本道モデルを価値創造スクエアに重ねると、図0-4のコの字型一本道モデルが得られる。図0-3の価値創造スクエアと図0-4のコの字型一本道モデルの違いは二つある。まず、価値創造スクエアには「期待と課題」、「結果と満足」の間には順序がないのに、コの字型一本道モデルには、それらの間にそれぞれ矢印で表された順序がある。次に、価値創造スクエアには「期待と満足」をつなぐ矢印があるのに、コの字型一本道モデルにはその矢印がない。

先に説明したように「期待と課題」、「満足と結果」は切り離せない。したがって、「課題と結果」、「期待と満足」をつなぐ二本の矢印も別々には考えられない。コの字型一本道モデルを含む一本道モデルは、価値創造スクエアから考えやすい一部分を切り取ってきたものである。価値創造スクエアの二本の矢印は別々には考えられないという意味では、図0-3は図0-5のように書き直した方が分かりやすい。

もちろん、価値創造スクエアの二本の矢印が別々に議論される状況もある。たとえば企業の活動の多くも課題の解決であるが、企業が解決すべき課題は、直接的には、収益をあげ、社員に給与を払い、株式会社であれば株主に利益を還元することである。この活動は数値的に表現され、目標数値が設定されるものであり、価値創造スクエアの上辺の矢印に相当する。しかし、それと同時に、株式会社の本来の目的は、優れた製品やサービスを提供することで社会を豊かにすること、しばしば

図 0-4 課題解決：コの字型一本道モデル

課　題	→	結　果	（客観）
↑		↓	
期　待		満　足	（主観）

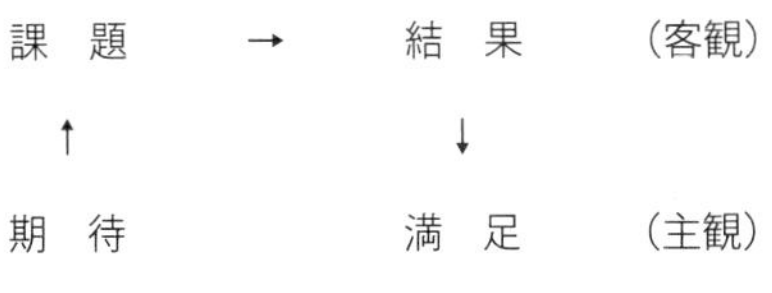

「社訓」や「経営理念」として掲げられる企業の社会的責任を果たすことであろう。これは価値創造スクエアの下辺の矢印で表される。

ただし、企業は二種類の活動を個別に行っているわけではなく、企業の一つの活動が二つの側面をもっている。たとえば、優れた自動車を開発して販売することは利益を生み出すと同時に、人々の生活を豊かにする。しかし、社会的責任を忘れて利益のみを追求して社会からの批判を受けることも、逆に、社会的責任のみを大事にしすぎて経営が停滞することもあろう。二本の矢印は切り離せなくても区別する必要がある。

切り離せないことと、区別しないことや区別できないことは違う。図0-3で考えれば二本の矢印を独立に考えてしまう危険があり、図0-5で考えれば一本の矢印に内在する二つの側面を混同してしまう危険がある。そのいずれも適切ではない。図0-3と図0-5には、それぞれ長所、短所がある。以下の議論では、図0-3と図0-5のどちらか一方しか参照していなくても、常にもう一方を意識している。

図0-3の二本の矢印は（主観）と（客観）の区別に対応し、図0-5の一本の矢印はそれらの調和を意味している。大切なのは区別された（主観）と（客観）の調和である。

図0-5 価値創造スクエア：一本矢印型

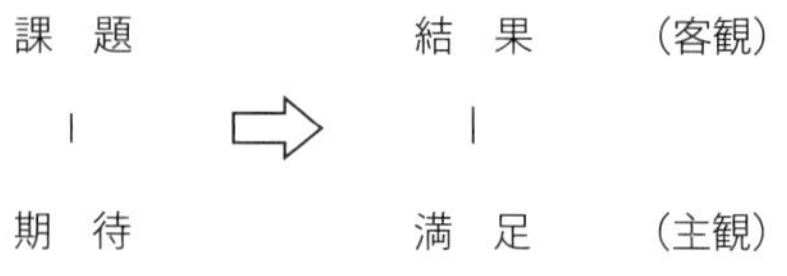

課題	⇨	結果	（客観）
|		|	
期待		満足	（主観）

4．新しい期待と課題

さて、大抵の場合、課題を解決することで得られた満足は十分でなく、その不満足さが次の期待を生み出す。たとえば、雨が上がるのを待って待ち合わせ場所に移動したために、友人が帰ってしまったとする。友人に謝って納得してもらいたいと思う。ここで次の期待が生じる。極端な値下げをして自動車の販売台数を増やしたが利益は上がらなかったとする。そもそも販売台数を増やすことには無理があって、損益を黒字にするためには販売台数を増やすのではなく、一台あたりの利益率を上げる必要があると考える。ここで新しい期待が生じる。満足が次の期待を生み出す。

このことと、図0-4で紹介したコの字型一本道モデルを合わせて考えると、下の図0-6で表される価値創造スクエアの連鎖のへび道モデルが得られる。

ただし、新しい期待から導き出される課題は、その期待の元になった満足だけでなく、その満足を生み出した結果にも関係している。

たとえば、「友人に謝って納得してもらう」という期待に対応する課題には、メールを送る、電話をかける、会いに行くなど、さまざまな候補がある。そのうちどれが適切であるのかは、「友人に謝って納得してもらう」という期待の字面

図0-6 価値創造スクエアの連鎖：へび道モデル

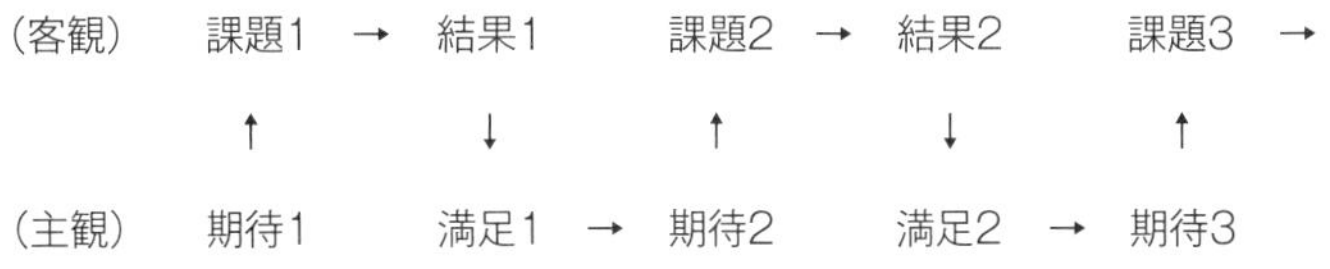

（客観）	課題1	→	結果1		課題2	→	結果2		課題3 →
	↑		↓		↑		↓		↑
（主観）	期待1		満足1	→	期待2		満足2	→	期待3

だけからは判断できない。この期待の中には言葉では表されていないさまざまな要因が絡み合っていて、その中には、期待の背後にある満足や結果も含まれている。不十分な満足しか得られなかったことの原因である結果が何であったのかによって、次の課題として何を選ぶべきなのかが変わる。「期待と課題」や「満足と結果」は分けずに考える必要がある。自動車の例についても同様である。結局、利益を上げられなかった結果とは何であったのか。なぜ、値引きしなければ売れなかったのか。価格が問題なのではなく、顧客の満足度が問題なのではないのか。

もちろん、古い結果を顧みずに新しい課題が設定される場合もある。本質的な飛躍のためには、むしろ古い結果を引きずらない方がよい場合もある。しかし多くの場合、新しい課題は新しい期待のみから導かれるものではなく、古い結果を再検討しながら作られるものである。予期せず古い結果の影響を受けていないか自覚する必要があるという意味でも、古い結果と新しい課題の関係は十分に考慮する必要がある。

「課題と結果」をつなぐ矢印の背後に「期待と満足」をつなぐ矢印があり、その二本の矢印が対になっていた。同じように、「満足と期待」をつなぐ矢印の背後にも「結果と課題」をつなぐ矢印がある。その二本の矢印は常に対になるもの

図 0-7 価値創造スクエアの連鎖：基本型

（客観）	課題１	→	結果１	→	課題２	→	結果２	→
	｜		｜		｜		｜	
（主観）	期待１	→	満足１	→	期待２	→	満足２	→

であり、切り離して別々に考えてはならない。図0-6のへび道モデルは、図0-3で紹介した価値創造スクエアの基本型に対応する、図0-7の一部分であると考えるべきである。

この図式を図0-5の一本矢印型に対応する図式に書き直すと図0-8になる。価値創造スクエアの「満足と結果」は新たな「期待と課題」を生み出し、次の価値創造スクエアにつながる。価値創造スクエアはこのような連鎖の一部分である。この連鎖においても重要なのは（主観）と（客観）の調和である。この調和が壊れると課題解決は形骸化し、価値は創造できなくなる。このことは終章で詳しく議論する。

5. 価値創造の原像・理解・実践

価値創造スクエアという図式と、その背後にある基本的な考え方は、特別なものではない。（主観）と（客観）の区別は古典的な話題であるし、課題を結果につなぐこと、期待を満足につなぐことも珍しい話ではない。しかし、それでもあえて本書で価値創造スクエアという図式を提示して議論するのは、多くの人にとって、少なくとも本書の著者たち自身にとって、価値創造スクエアを意識するこ

図 0-8 価値創造スクエアの連鎖：一本矢印型

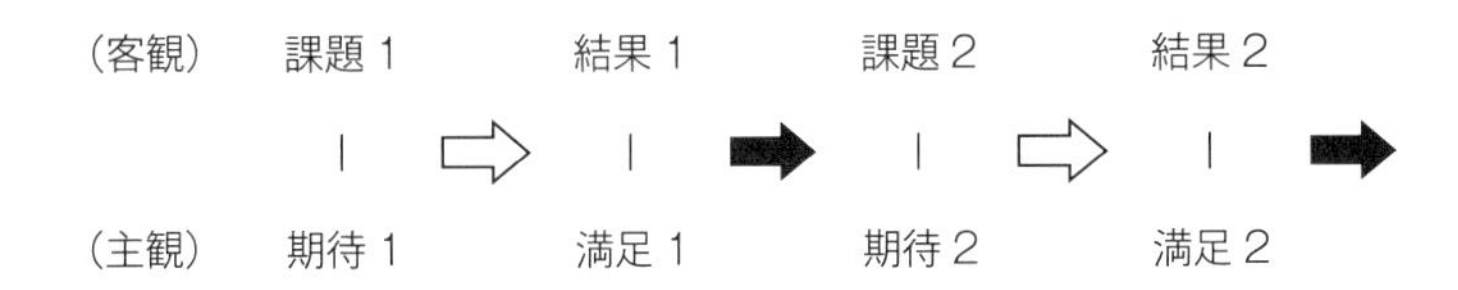

とが思いのほかに容易ではないからである。そして、価値創造スクエアを考えられないことが、私たちの周囲にある大小さまざまな問題の原因になっているように思われる。

著者たちが価値創造スクエアを考えた直接的なきっかけは、二〇二〇年に世界中に蔓延した新型コロナウイルスにある。

神戸大学では二〇二〇年四月に、従来の学部や研究科とは異なる部局横断的な、価値の創造に関する新しい組織（神戸大学バリュースクール）が立ち上げられた。その準備として本書の著者たちとその同僚は二〇一九年夏頃より、それぞれの専門分野の知識を背景に、課題の背後にある期待の性質や重要性、課題の解決と価値の創造の関係について議論を続けていた。さまざまな図式が提案され、検討されていたが、その最中にコロナ禍が発生した。連日、新聞やテレビで報道される世界の状況や政府の対応を見て、また、毎日の生活の変化を実際に経験して、多くの人と同じように著者たちも、いろいろなことを感じ、苛立ち、考えた。著者たちの職場である大学では、学生の入構を禁じながら教育を継続させるという、矛盾した要請に応えることが求められた。

そのような世の中の状況や自分たちが対応すべき問題について考え、同僚や学生たちと議論しているうちに、価値の創造に関するこれまでの議論が一気にまとまった。世の中が混乱しているのは、目の前の課題ばかりに気を取られているからではないのか。コロナ禍に対する何らかの対応策が定められるとき、そして、その対応策を批判するときでさえ、本来、何が期待されているのかが見失われているのではないか。要請が矛盾しているのは課題の設定と解釈に問題があるからで、本来の期待は矛盾した要請とは別物ではないのか。コロナ禍の混乱の中で右往左往しているうちに、著者たちはそう考えるようになった。そして、そのように考えると、それまで議論していた複雑な図式が瞬く間に単純なものになり、価値創造スクエアが生まれた。

ひとたび価値創造スクエアが意識されると、価値の創造だけでなく、著者たちが十年、二十年という歳月をかけて議論してきた、共創や創発といった何とも捉え難い話題についても、新たな見通しが一気に開けたように思われた。この感覚が一時的な錯覚なのか、それとも、どこか別の世界につながる扉が本当に開かれたのかは、今はまだ分からない。しかし、たとえ小さくても、何らかの一歩を踏み出したことは確かであるように思う。

さて、コロナ禍のもとで私たちがなすべきことは、何よりもまず、今、何が起きていて、何が可能であって、何が不足しているのかを知ることであり、次に、この困難な状況のもとで何を目指していくべきかを考えること、そして、その目標を実現するために、私たち自身が創造的に考えていくことであろう。この三つが本書の第1部の主題である。

新型コロナウイルスが何であるのかを理解し、コロナ禍を克服するためには科学技術の力が必要である。しかし、科学技術は万能ではない。科学技術の力を十分に発揮させるためには、科学技術の特徴や難しさを知ること、通常は科学技術の外にあるとされる価値の創造を考え、自分自身の理解を「啓く」ことが必要である。そのことを第1章で論じる。また、戦争や疫病などによって社会の秩序が失われ、個人の生活や企業の活動が大きな変化を迫られる混乱の時代に価値を創造することは、その混乱を「治む」ることにほかならない。このことを第2章で議論する。さて、価値を創造することは考えることであり、自分たちは何を望んでいるのか、どうすれば希望が実現できるのかを「問う」ことにほかならない。第3章では人間の思考のあり方について、特に、創造的な思考とはどのようなものなのか、どうすれば創造的な思考が可能になるのかについて論じる。これらはいずれも価値創造スクエアの背後にある議論であり、「価値創造の原像」である。

価値創造スクエアは「期待・課題・結果・満足」という四つの頂点をもつ四角形であるが、この四角形の基本は〈主観〉と〈客観〉という上下方向の関係にある。ただし、価値創造スクエアにおける〈主観〉と〈客観〉という言葉の意味は、それらの日常語としての素朴な意味とは少なからず異なっている。価値創造スクエアにおいて〈主観〉と〈客観〉という言葉がどのような意味で用いられているのか、それらが価値の創造とどのように関わっているのかを説明することが、本書の第2部の目標である。

価値創造スクエアの左辺の頂点をなす「期待と課題」は、それぞれ〈主観〉と〈客観〉に属する。〈客観〉に属する課題は言葉で表現されるが、〈主観〉に属する期待は書き記すものではなく「描く」ものである。期待は人工物の機能に重なること、そして、期待や機能は創発や共創と呼ばれる現象に関係することを第4章で論じる。価値創造スクエアの右辺の頂点をなす「結果と満足」はデザインによってもたらされるものであるが、デザインとは、狭義には機械や建築物のあり方を定めることであり、広義には課題に応える結果を出し満足を生み出すことである。ただし、価値は機械や建築物そのものに備わるものではなく、広い意味でそれらを「使う」ことによって生じるものである。第5章ではこの視点から、デザインの考え方の変遷とデザインにおける外部の存在の重要性について論じる。第6章では、弱い意味での創造性は複数の（客観）のつながりから生じること、強い意味での創造性は（主観）と（客観）を「繋ぐ」ことによって生じることを議論する。これらの議論は「価値創造の理解」を目指すものである。

価値の創造は理屈ではなく現実である。いかに優れた議論であろうとも、現実の世界で実践できなければ価値は創造できない。本書の第3部では、イノベーション、まちづくりとコミュニティ、共創と教育という三つの話題について、現実の世界における「価値創造の実践」を紹介する。

コロナ禍は多くの企業に深刻な問題をもたらした。価値を創造して困難を乗り越えるためには、新しい世界を「拓く」イノベーションが大切である。第7章では、価値を再生させるイノベーションで市場を創造するための理論と具体的な取り組みを紹介する。第8章ではまちづくりとコミュニティについて議論する。街やコミュニティは人が「創る」ものである。街やコミュニティは人々が集まることで発生するボトムアップのアプローチで生まれるが、なすがままに放置すれば無秩序な混乱に陥るため、しばしば企業や行政が設計するトップダウンのアプローチが採られる。第8章では、まちづくりとコミュニティの構築についての、この二つのアプローチについて議論する。第9章では共創と教育について論じる。共創という概念は主に二一世紀に入ってから企業経営について重要性が意識されるようになったものであるが、その背後には二〇世紀初頭にアメリカで生じた教育に関する古典的な哲学的議論がある。第9章では、現代の新しい教育の取り組み方の事例を見ながら、人が「学ぶ」ときには共創が重要であることについて論じる。

さて、２節で紹介した一本道モデルはウォーターフォール・モデルやＷ型モデルといった課題解決モデルと関係があり、４節で紹介した価値創造スクエアの連鎖はＰＤＣＡサイクルやＯＯＤＡループ、ＳＥＣＩモデルといった課題解決モデルと関係がある。これらの関係を詳しく調べると、価値創造スクエアの特徴は何なのか、既存の課題解決モデルが形骸化しやすいことの理由は何であるのか、価値創造スクエアはどのような意味で既存の課題解決モデルの限界を超える可能性があるのかが見えてくる。これらのことについて終章で議論する。

6. おわりに

誰でも簡単に価値が創造できる普遍的な手法などないだろうし、逆に、ことさらに何かを学ばなくても、誰でも価値を創造している。そもそも、価値の創造についての唯一の正しい理解の仕方や教育方法があるはずもない。本書で紹介する考え方は、価値の創造のごく限られた一面についての、とりあえずの仮説でしかない。本書は著者たちの価値の創造についての議論を読者と共有することを目指すものであり、決して読者に「正しい知識」を伝えようとするものではない。本書の内容に違和感を感じ、単に不完全なだけでなく積極的に否定すべきと考えることもあろう。しかし、その違和感が頭を動かし、何らかの問題や可能性に気付くことの出発点になるかもしれない。読者が本書に批判的に向かい合うことで、読者が本書の著者たちと経験を共有し、新しい価値が生まれることを強く期待している。

第1部

価値創造の原像

第1章

啓く――コロナ禍に科学と社会を考える

武田　廣

1．はじめに

二〇二〇年四月七日に政府から発令された「新型コロナウイルス感染症緊急事態宣言」が解除された後、一時は収束に向かうかとも思えた感染状況が、社会経済活動の再開に伴い、七月上旬の時点から再び悪化の様相を呈した。ワクチンや治療薬の開発が急がれているが、現実的に見て、一年から二年はこのような綱渡りの状態が続くと考えられる。

この間、新型コロナウイルスに対する、日本をふくむ世界の政治的対応、マスコミの反応、市民の行動を見聞きするにつれて、強く感じていることがある。それは、自然現象および社会現象に対する専門家集団の知見を、広く公に納得できる形で発信することの難しさである。東日本大震災に伴う原発事故の際にも、理系人間である研究者の説明のまずさと、文系人間であろうアナウンサーの質問の的外れなことに、思わずテレビの前で「そんな質問しても意味がないだろう」とか「そんな説明では分からないだろう」とストレスが溜まっていったのを記憶している。コミュニケーションがうまく取れないという文理断絶の一例である。

最近の日本では、高校の早い段階で文系と理系の選択を行い、それぞれに特化した受験教育を行なっている。数学が得意かどうかで進路を決める場合も多くある。また、受験に必要でない科目については履修も疎かになっていると聞く。

私の専門は素粒子実験物理学で、分類上はガチガチの理系であるが、高校時代は、すべての科目を満遍なく教えられた記憶がある。数学、物理も好きであったが、それと同じくらい古文・漢文や歴史が好きであった。吉田兼好の『徒然草』や図書館に置いてあった大部の日本史全集も読破した。数値化するのは難しいが、後の私の人生に多分に影響を与えていると感じている。最終的に自分の専門分野を決めなくてはならないときが来るまでは、できるだけ幅広い分野に興味をもたせる教育が必要ではないかと思う。

最近の科学技術の急速な発展に伴って、インターネットが普及し、ビッグデータの活用が社会のさまざまな箇所で必要とされるとき、文系、理系の区別はあまり意味がなくなってくる。どういうデータを抽出したいかは、社会学的なセンスが必要だろうし、具体的な分析方法では数学的なセンスが必須となってくる。さらに近い将来AI（人工知能）が進化し、人間のさまざまな職種に進出してくると、文系・理系の差など吹っ飛んでしまうであろう。

人間の知的ゲームの最高峰と思われている囲碁、将棋、チェスなどで、AIが人間のトッププレイヤーを打ち負かしている。ここで注意しておかなくてはならないことは、AIにその選択の理由を聞いても答えてくれないことである。論理的選択というより、経験知にもとづく最善手の選択なのである。入力と出力が備わったブラックボックスと言える。ブラックボックスでもよいから、誰かにお任せしますという人間が増えてくると、社会組織は脆弱なものになってしまうだろう。文理に横串を刺すような情報リテラシーの普及が国家の将来を左右する時代になってきたと言える。

そういう観点で今回の新型コロナウイルスを巡る社会の対応を見たときに、考えさせられる点が多々あった。ウィズ／アフターコロナの社会を考えるには、単に医療や経済の具体的な問題に留まらず、社会のあり方、最終的には、人間存在の「価値」にまで思いを馳せる必要があるのではないかと思う。

2. 人類と感染症との闘い

2・1 進化論と自然淘汰

そもそも、人間の進化の過程では、数々のウイルスとのせめぎ合いがあったようである。私たちの遺伝情報の数十パーセントがウイルスのようなもので構成されていることが、そのことを示している。

ウイルスには善意も悪意もなく、単に地球環境の生命体の多様性の一部として存在してきた。ウイルスを生命の定義に含めるかどうかは議論があるが、自ら（あるいは属する種）のコピーを増殖することを活動の第一原理とするという観点からは、立派な生命体である。そして、たまたま人間の細胞に入り込んできたウイルスについて、人間の進化に有用なものであればそれを取り込み、害を及ぼすものであれば排除するという繰り返しの中で、人間の個体が淘汰されてきたのである。俯瞰して見れば、ウイルスは自然淘汰の一因子という形で、生物としての人間の進化に貢献してきたとも言えるのだ。

ウイルス自体も、あまりに致死性が高いと、感染した人間の行動範囲が制限されるのでパンデミック（世界的大流行）にはなりにくい。今回の新型コロナウイルスが厄介なのは、ある程度致死性があり、無症状者でも感染能力があるという点であろう。グローバル化に伴い、人の移動が以前より格段に頻繁になり、広範囲化していることにより、中国・武漢からあっという間に世界中に広まってしまった。

さらに、ＲＮＡ（リボ核酸）型ウイルスなので、突然変異が起きやすく対応が難しいこともある。ＤＮＡ（デオキシリボ核酸）型ウイルスは相補的な二本鎖の構造をしており、増殖の過程で生じたＤＮＡ複製のミスを修正する機構が備わっているので、一本鎖構造のＲＮＡ型ウイルスと比較すると遺伝子の変異が少ない。したがって、長期にわたって同じワクチンが使用可能であり、天然痘をワクチンによって根絶することができたのも天然痘がＤＮＡ型ウイルスであったためであるとされる。進化論の観点から見ると、皮肉なことに、突然変異や複製ミスに無頓着なＲＮＡ型ウイルスのような、対応の難しい厄介なものが生き残っていくということになる。

2・2 文明社会と感染症

人類が文明社会を築いてからも、感染症との闘いは延々と続いてきている。ペスト、天然痘、マラリア、スペイン風邪などが、歴史上大きな爪痕を残している。古代エジプト王朝のラムセス五世のミイラには、天然痘由来のかさぶたの痕跡があるとされる。今から三千年以上も前の感染症記録である。黒死病とも呼ばれたペストは、中世ヨーロッパで猛威を振るい、人口の三分の一から二分の一が失われたといわれている。ペストの流行は当然、当時の社会体制にも大きな影響を与え、教会の権威の失墜、ルネッサンスの勃興などを引き起こしている。ペストに対する根本的な対応は、一八九四年の北里柴三郎によるペスト菌の発見まで待たねばならなかった。

学生時代に読んだ記憶のある、フランスのノーベル賞作家アルベール・カミュの『ペスト』が話題になっていると聞いて、再読してみた。アルジェリアのオランという実在する都市を舞台に、ペストの発生から都市封鎖、最終的な解放の過程がリアルに描かれている。カミュ自身は、ナチス占領下のパリでレジスタンス運動に参加しており、時代背景的には、ペストはナチズムの隠喩と考えられる。個人の力を超越した不条理な世界との戦いが、実存主義的な立場から難解な文章で綴られている。

この『ペスト』で象徴されているものには、単に病原菌だけでなく、人間の心に潜む「ペスト的」なものも含まれている。現在、感染拡大が進む新型コロナウイルスへの恐怖だけでなく、対応策を巡る社会の軋轢も合わせて懸念しなければならない。感染症対策と経済活動の両立に苦慮するのは古今東西で共通の悩みである。

比較的最近のパンデミックの例としては、第一次世界大戦と軌を一にするスペイン風邪（RNA型インフルエンザウイルス）が挙げられる。全世界で約六億人が感染し、二千万人から四千万人が死亡したとされる。日本だけでも約四十万人が犠牲になったといわれている。相当な被害であるにもかかわらず、あまり社会の記憶に残っていないのはなぜであろうか。東日本大震災が発生した際にも、過去の津波の被害を過小評価し、忘れていたかのようだと指摘されたことがあるが、感染症も何度も人類を襲っているのだが、「喉元過ぎれば熱さを忘れる」のたとえのように、日常の中で記憶が薄くなっていたのではないだろうか。

人類は「より良き生活」を求めて、都市文明を築き上げた。経済活動は盛んになり、都市部に人口が集中するようになった。人類学者の長谷川眞理子氏は、「人類史で見ると、人の密集した都市文明というのがちょっと異常なんです」（注1）と述べている。さらには、グローバリゼーションのおかげで、世界中の大都市間の行き来も頻繁になった。科学技術も進み、衛生状態も昔と比べれば格段の向上があったとしても、現在の状況は感染症ウイルスにとっては、格好の標的である。今回の新型コロナウイルスがなんとか終息したとしても、元の生活スタイルに戻れば、同じことが繰り返される危険がある。

日本の場合、さまざまな面での東京一極集中の弊害が指摘されてきたにも関わらず、ここ数十年間何も動かなかった。むしろ、東京への集中が進んできた。企業はＢＣＰ（事業継続計画）を策定して、自然災害などの緊急事態に備えているが、パンデミックまでは想定していなかった。都市部にオフィスをもつことのメリット・デメリットを勘案して、これからは、田舎に経済活動の拠点を移す企業も増えてくるだろう。実際、人材派遣業界大手のパソナグループが二〇二四年までに本社機能を兵庫県淡路島に移転すると

（1）『日経ビジネス電子版』二〇二〇年六月三日の記事。

のことである。

「知の拠点」としての地方大学の役割も見直されるであろう。学術情報ネットワークSINET（学術用インターネット）で、日本中の大学・研究機関が高速で繋がれている利点は、ウィズ／アフターコロナの社会を考える上で重要な視点である。新たな「日本列島改造」を早急に進めなければならない。

3．新型コロナウイルス対策の混迷

3・1 司令塔の不在

幸い日本では、欧米諸国と比べて、人口比率でみて感染者数も死者数も圧倒的に少なく、何らかのファクターX（未知の因子）が存在しているのではないかともいわれている。日本社会独特の「自粛」が功を奏しているのかもしれないし、生活習慣や人種的な特性が原因かもしれない。しかし、クルーズ船の集団感染以降の日本政府の一連の対応を見ていると、非常に強い懸念を抱かざるを得ない。

感染症対策の基本は感染状況の把握にあるはずだが、日本では当初、肝心のPCR検査数は一向に増えなかった。私の専門は実験物理学であるが、自然科学一般に言えることとして「データが命」である。基礎的な感染検査が不十分な状態では、現場での対応も社会としての出口戦略の策定も不可能であると思う。政府、特に首相自身が、民間検査機関も活用して、PCR検査数を大幅に増加させると公言したのちも、一向に目標に達する気配がなかった。欧米では1日10万件単位の検査規模が確保されているという報道を見聞きすると、日本の現状は非常に不安であった。

この状況について、厚生労働省からも専門家会議からも、納得のいく合理的な説明はなされなかった。保健所などの現場では懸命の努力が行われているものと想像するが、ひょっとして、感染症対策の全体像を把握する司令塔が不在なのではないかと思われた。

後になって（少なくとも私には）分かったことであるが、国内での感染拡大初期の段階で、新型コロナウイルスをきわめて深刻度が高い第二類感染症と指定したために、ＰＣＲ検査は行政検査と位置付けられ、容易に民間検査機関の活用ができなかったらしい。また、陽性者の濃厚接触者を探し出すために保健所の職員の人海戦術的な努力も必要であった。さらには、陽性者は隔離が義務付けられ、対応している医療機関の病床確保も混乱を極めたようである。そのため、重症でない限り、陽性者を増やさないという戦略がとられたとの噂もあった。そういう噂が流れること自体、感染症対策としては懸念される状況である。軽症者や無症状者の多い今回の新型コロナウイルスには向かない、感染症法律体系であった。

3・2 デジタル後進国日本

もう一つ、あぶり出された日本の弱点は、行政組織におけるＩＣＴ（情報通信技術）活用の貧弱さである。病院や検査機関から保健所への感染情報報告が手書きのファックスで行われていた、という話を聞いたときには耳を疑った。報告書を書く現場の手間もさることながら、保健所での集計は保健師の手入力になるので、入力漏れ、入力ミス、ダブルカウントなど、人為的ミスが介在する要素に溢れている。海外のマスコミからも時代遅れと揶揄され、やっとウェブ化へ舵を切ったようであるが、現状がどうなっているかは寡聞にして知らない。

学長として、学内からの個人情報漏洩事案の報告を年に数回は受けているが、その多くが病院間のファックス誤送信によるものであることは、医療業界全体でのICT化の遅れが背景にあるのではないかと推察される。もっと踏み込んでいうと、病院間で患者情報が共有されていないという大問題がある。診療機関を変わるごとに、同じような検査が繰り返されるのを経験したのは私だけではないだろう。これは医療資源の無駄使いでもあるし、何よりも患者への身体的、経済的負担が大きい。電子ファイルを共有すれば済むことであるが、なぜか進まない。個人情報保護の観点から問題が多いといわれるが、他機関の検査を信用しない医師の問題なのか、検査を通じての病院収入増加を狙っていると勘繰られても仕方がないであろう。

また、国民に一律に10万円を支給する、二〇二〇年五月に実施された「特別定額給付金」の申請をめぐっても大混乱があった。マイナンバーカードを使ってオンライン申請をすると、支給までの期間が短縮されるとの触れ込みがあったため、多くのカード保有者が殺到した。ところが、いざログインとなったとき、登録時に設定した二重のパスワードを忘れてしまい、そこで立ち往生したようである。

昨今は日常生活でさまざまなオンラインサービスが提供されており、パスワードの管理は頭痛の種であるが、大抵の場合は、ネット上のやり取りでパスワードの再設定ができるので事なきを得ている。しかし、マイナンバーカードは個人情報の秘匿度が高いということで、役場に本人が出向いてパスワードの再設定を行う必要があり、結果として役場に大行列ができて、感染症対策の基本である「三密回避」（密閉・密集・密接を避ける）が危ぶまれる状況になった。そこで、行政当局は「郵送申請」を強く推奨する羽目に陥ったのだが、笑えない冗談のようなものである。

我が家でも、マイナンバーカードを保有しており、パスワードも保管していたので、オンライン申請しようとした。しかし、パソコンにカードリーダーを接続しなければならない壁につきあたり、ＯＳ（オペレーティング・システム）によって対応機種が違うという新たな手間に直面し、オンライン申請は断念した。時間はかかったが、郵送申請で無事に支給を受けた。

二〇二〇年九月に誕生した菅政権では、日本におけるＩＣＴ普及の遅れに危機感をおぼえたのか、デジタル庁創設に向けて担当大臣が指名された。もともとマイナンバーカードの導入の背景には、個人所得の把握を一元化して所得税の徴収を効率化しようという狙いがあったはずである。証券会社での口座開設や、生命保険の契約などには、マイナンバーカードの情報提出が義務づけられている。しかし、カードの取得には強制力がないことと、カード保有のメリットがほとんどないために普及が進んでいない。健康保険証、自動車運転免許証などと連動させる構想があるが、ぜひとも医療情報も組み込んで、ウィズ／アフターコロナの日本社会を見据えた改革が進むことを期待したい。

4. 科学的リテラシーとしての統計

4・1 見過ごされるデータの誤差

日本における数学教育においては、確率・統計分野は系統だって教えられていないのではないかとの思いがある。整数論などの「美しい数学」とは違って、統計学は応用数学の部類に属するとの考えがあるようである。しかし、自然現象を含め、身の回りで起こっていることの大半は統計現象である。役に立つ学問という観点からは、二次方程式の解き方よりも、統計数字の扱い方の方が有用であろう。

新型コロナウイルスの第一波が収まりかけた二〇二〇年六月十七日に、厚生労働省からウイルスの免疫抗体の調査結果が報告され、以下のようなニュースが流れた(注2)。

新型コロナウイルスの抗体の保有状況を把握するために行われていた調査結果が発表された。調査は、東京都・大阪府・宮城県の同意を得た住民、およそ8000人を対象に行われた。その結果、抗体の保有率は、東京が0・1パーセント、大阪が0・17パーセント、宮城が0・03パーセントで、依然として「大半の人が抗体を保有して

表1-1 検査数と陽性率の関係

	検査数	陽性者数	陽性率	陽性率の誤差
東京都	1971	2	0.10%	±0.07%
大阪府	2970	5	0.17%	±0.08%
宮城県	3009	1	0.03%	±0.03%

いない」ことが明らかになった。

統計学的にはこれだけでは情報不足で、ほかの発表資料も参考にして、表1-1を作成した。この検査のように、陽性であるか陰性であるかを検査するときに数学的基礎となるのが二項分布と呼ばれるものである。二つの選択肢があるので二項という名前が付いている。一般に検査結果や実験結果を提示するときに、その数値の信頼性が問題になる。検査を繰り返しても、統計現象の本質的な性質により、そのたびに少しずつ異なった結果が得られることが普通である。一回の検査で得られた結果がどのくらいばらつくかの目安が信頼性である。

信頼性の要素は多々あるが、一番重要なのは統計誤差と呼ばれるものである。数多く検査をすればするほど信頼性は増し、統計誤差は相対的に減っていく。たとえば100人検査をして1人陽性者を検出するのと、1000人検査をして10人陽性者を検出するのでは、同じ陽性率1パーセントでも信頼度（誤差）は違ってくる。詳しい説明は省略するが（二項分布の場合、検出比率が少ない場合、検出数の平方根が誤差の良い近似になる）、前者の場合は、1パーセント±1パーセント、後者の場合は、1パーセント±0・3パーセントとなる。ここで誤差という言葉を定義なしで使ってしまったが、厳密には標準偏差と呼ばれる量で表される。標準偏差が大きいと平べったい分布になり、標準偏差が小さいととがった分布にな

（2）『日経メディカル』二〇二〇年六月十七日。

る。

大学受験などでよく使われる偏差値という数字も意味は同じである。十分受験生が多い場合には、成績（テストの点数）の分布は正規分布に近づいていく。正規分布とは統計学で使われる基本的な分布関数で、平均値の前後で対称であり、ベルを伏せたような形をしている。有名な数学者に因んでガウス分布とも呼ばれる。正規分布では平均±標準偏差の範囲内に真の値が入っている確率が68・3パーセントになる。受験生の偏差値の場合は、正規分布の平均値を50、標準偏差を10として再定義している。したがって、偏差値40〜60の受験生は全体の68・3パーセントになる。優秀な学生で偏差値70を超える割合は、約2・3パーセントと計算される。

表1-1では、厚生労働省が発表した陽性率だけではなく、二項分布の性質から求められる誤差も示している。陽性者数がすくないので、誤差は結構あることが理解できる。しかし、陽性率そのものが低いので、「大半の人が抗体を保有していない」というメッセージは意味のあるものである。

もう一つ検査結果の信頼性に影響するものが、系統誤差（システマティック・エラー）と呼ばれるものである。一言でいえば、検査のバイアスのような量で、検査装置、検査方法などによって結果がどのくらいばらつくかを示す指標である。

今回の抗体検査の場合には、A、B、Cの三種類の検査方法が試され、AとBがともに陽性であるとした人数を発表している。Cの結果はなぜか参考資料としてある。詳しい資料を見ると、AとBは似たような陽性率を与えているが、Cは十倍近い陽性率を与えている。また、AとBが異なる結果を与えている場合も結構ある。結局、検査方法によって大きなばらつきがあるわけで、私の見る限り、陽性率は概ね1パーセント以下というぐらいのことしか言えないのではないかと思う。

世界中で、感染拡大を調べるために抗体検査が行われているが、値はかなりばらついている。検査方法ごとのきちんとした系統誤差を学術的に押さえておかないと、不確かな情報に振り回されかねないということを理解すべきである。今回の抗体検査では、感染症の拡大を食い止めるような集団免疫の状態ではないということが示されたわけで、今後、第二波、第三波の感染拡大を覚悟しておかねばならないだろう。

私は、素粒子実験物理学で博士の学位を取得したが、実験の論文を執筆するにあたっては、この系統誤差を合理的な範囲で推定するという作業が最も重要で厄介な部分であった。統計誤差は集めたデータの数をもとにして、誤差の伝搬式に従って計算することができる。たくさんデータを集めれば、それだけ統計誤差は小さくすることができる。一方、系統誤差の推定には、想像力と緻密さが必要となる。実験装置が完璧に動いていない期間のデータをどう扱うか、測定装置の設置精度が結果にどう影響するか、取得したデータに宇宙線などの予期せぬゴミが混じっていないか、などなど、結果に与えるかもしれない影響をできるだけ定量的に見積もるのである。私の場合、系統誤差の分析に約一年を費やしたが、実験物理学者としての作法を学ぶ期間であったと思っている。

自然科学の測定の場合には、系統誤差の推定はまだ容易な方であろう。社会科学や医学の場合には、手法もさることながら、母集団の選び方によって大きく結果が異なることも多い。心理学的な要素も無視できない場合もあるであろう。新しい薬の効果を調べるときに、外見は本物の薬とまったく同じ形、大きさ、色でありながら、薬効成分をまったく含まない薬（プラセボ：偽薬）を用意し、医者も患者も本物の薬かプラセボか分からないようにしておいて、薬の効果を判定する「二重盲検法」というのが行われる。これも心理的な系統誤差を抑える方法である。できるだけ真摯に測定誤差について考察することは学問としては不可欠のことであると思う。

4・2 宇宙の存在も確率の世界

統計・確率の重要性について、新型コロナウイルスに関わるデータをもとに、思うところを書いたが、「観測」ということについてはもっと深遠で哲学的な話となる。

現代物理学の理論的二本柱は、相対性理論と量子力学である。ともに二〇世紀初頭に完成し、現代文明の基礎を担っていると言っても過言ではない。量子力学は分子や原子などのミクロな世界を記述するには不可欠な理論であり、私たちの日常世界を記述するニュートン力学（古典力学）は、量子力学の近似形である。その意味で、量子力学が世界を記述する基本方程式を提供している。では、その方程式で取り扱われるのは何かというと、実はそれが確率なのである。

量子力学の基本方程式は波動方程式の形をとり、その解である波動関数は確率の波なのである（厳密にいうと、波動関数は複素数の確率振幅で、その絶対値の二乗が観測可能な確率を与える）。ニュートン力学では初期条件が与えられれば、運動方程式にしたがって計算すれば、未来の状態が決定されるが、量子力学では未来は確率的にしか記述できないのである。これは、哲学や思想にも影響を及ぼし、決定論的世界観から確率論的世界への移行と考えられる。

ちなみに、相対性理論で有名なアインシュタインは、量子力学への貢献もある。実際、彼がノーベル物理学賞を受賞したのは、光が粒子の性質を示す「光電効果」という量子力学的現象を要領良く説明した短い論文のおかげである。しかし、波動関数が確率波であるという解釈には最後まで抵抗し、「神はサイコロを振らない」という有名な捨て台詞を残している。神聖な物理学の基本方程式が、サイコロの目の出方に依存するということに耐えられなかったのであろうか。

アインシュタインは量子力学に異を唱えさまざまなパラドックスを提示した。しかし、実験結果はすべて量子力学の有効さを示している。彼は、確率というものに実体がないという信念があったようだが、その量子力学の実体のなさが、最近注目を集めている量子コンピュータや量子暗号の土台になっているのは興味深い話である。通常のコンピュータでは、2進法が使われ、ビットの状態は0か1である。量子力学におけるビットは0と1の重ね合わせという中途半端な状態が許され、N個の量子ビットを用意すれば、2のN乗個の場合が一度に計算できる。この量子コンピュータで、計算能力が飛躍的に増大することが期待されている。さらに、この「重ね合わせ」の状態で作った信号を外部から盗聴しようとすると、必ず送受信者に分かってしまうので、究極暗号の候補として研究が進んでいる。量子技術については、基礎研究では日本がリードしていたが、実装段階では中国や米国に遅れをとっている。

広大な宇宙も誕生時にはミクロであったと考えられ、「量子宇宙」が議論されている。そこでは、さまざまな宇宙が生まれては消えることを繰り返して、たまたま（確率的に）条件があった宇宙がビッグバンを起こし、膨張冷却して現在私たちが観測している世界が存在している。中学生のとき、天文部に所属し、夜空を眺めながら、「なぜこの宇宙の中に私が存在しているのか?」と不思議に思い、恐怖すら感じたことがある。

自然界にはさまざまな法則やそれらに含まれる定数がある。人類という知的生命体が存在するには、これらの定数が絶妙のバランスを保っていなければならない。これは偶然なのか必然なのか。答えの一つに「人間原理」がある。「宇宙が人間に適しているのは、そうでなければ人間は宇宙を観測し得ないから」というものである。定数のバランスが取れていない宇宙には、そもそも観測する知的生命体は存在できないのである。この「人間原理」の背景には多宇宙の概念があるが、異なる宇宙間の情報交換は不可能と考えられ、科学的に実証できるかどうかは疑問である。

デカルトの「我思う、故に我在り」という言葉は、人間の自意識を象徴的に表したものだが、宇宙の中の人間の存在は、「我観測す、故に我在り」とでも表せようか。森羅万象、確率の世界なのである。

5. 科学と社会の関係

約百年前のスペイン風邪のパンデミックの状況と比較して、現在の私たちには進歩した科学技術という大きな武器がある。遺伝子情報の解析が可能になり、未だ不完全とは言え、治療薬やワクチンの開発も世界中で進められている。

感染症の専門家には、できるだけ客観的な事実に基づいて、情報発信し対応策を提言してほしいのであるが、これが難しいのは新型コロナウイルスを巡る情勢を見ても明らかであろう。ＰＣＲ検査の精度はどのくらいなのか、検査数が伸びないのはなぜなのか、知りたい疑問は山ほどあるが、明快な答えはない。マスコミに登場する専門家のコメントが、「その可能性は否定できない」に終始するのは、「まだ分かりません」というのと同義である。また、政府が設置した対策本部の専門家会議が提案した唯一の現実的対応策が「三密を避ける」である。ただし、この対策は、手洗い、うがいとともに、一般の感染症にも適用されるものであって、専門家としての役割を十分果たしているとは思えない。

スーパーコンピュータを使った飛沫拡散のシミュレーションは可視化のインパクトもあり、対面接触が避けられない状況でのガイドラインには有効であろう。結局、いろいろ情報はあるが、決定的なものはないというのが現状である。しかし「知らないまま怖がる」状態と、「ある程度知って怖がる」状態では雲泥の差である。

科学の専門家と社会との関係を考えさせられたのは今回の新型コロナウイルスだけではない。私は学位取得後、素粒子物理学の国際共同実験に参加して、西ドイツ・ハンブルクの研究所に六年間滞在した。加速器を使う衝突実験で、一周２・３キロメートルの加速器リングには盛り土がしてあり、その周りは一般市民も利用できる遊歩道になっていた。リングの中には、電子と陽電子が光に近いスピードで走り回っている。いわゆる「放射線」が大量に周回しているのである。日本では考えられない光景であった。電子や陽電子は盛り土で十分遮蔽できるという専門家の意見をドイツ市民が信頼しているとのことであった。しかし、広島・長崎の原爆被害を受け、福島第一原発事故を経験した日本では、学術的知見に基づいた「安全」は余程の努力を重ねなければ信用してもらえないだろう。

一般の日本人は自然界から年間2ミリシーベルトの放射線量を受けつつ生活している。これに加えて、約1ミリシーベルトが放射線被曝量の上限値として定められている。この上限値を超えると直ちに危険というわけではない。たとえば、医療行為として行われる、普通のX線撮影では0・1ミリシーベルト、CT検査では約10ミリシーベルトの被曝があるし、東京-ニューヨーク往復航空便でも宇宙線の増加により約0・2ミリシーベルト、国際宇宙ステーションに滞在する飛行士では1日あたり1ミリシーベルトの被曝があるといわれている。一度に500ミリシーベルトを超えると白血球の減少が見られ、放射線被害が現れてくるが、低線量被曝の場合の影響についてはあまり分かっていないのが実情である。

もちろん余分な被曝は少ないのに越したことはないのであるが（こういう表現が確率的現象を扱うときのもどかしさである）、福島原発の処理水を巡っては、完璧な情報公開の下での厳正な科学的知見による議論が、結果的には風評被害の払拭に役立つと信じている。

6. おわりに

今回のコロナ禍で、大学の意義・価値が改めて問い直されている。保健所や病院が、効率的運営を目指して合理化してきたことは事実で、それが緊急事態に直面して対応が難しくなっている。国立大学も法人化以降、運営の効率化を迫られ、運営費交付金の削減が続き、教育・研究両面で余裕がなくなっている。平時では悪者視されかねない「ゆとり」が、組織には一定程度必要だということが今回の騒動で痛感させられた。

神戸大学では、二〇二〇年四月から、学生の教育のためにインターネットを利用した「遠隔授業」を行なった。従来の対面講義方式では、学生間の「密状態」が避けられないからである。しかし、演習や実習などは対面が避けられず、感染対策を施して実施した。遠隔授業だけでは、他人との接触が少なくなる反面、本来大学がもつ「人とのつながり」を提供する場としての役割が果たせなくなる。感染状況に注意しながら、できるところから対面授業を増やしていく必要があった。

昔、感染症が流行った時代の大学はどういう対応を取ったのだろう？　ケンブリッジ大学時代のアイザック・ニュートンは、ロンドンで流行したペストを避けて、一六五五年から一六五六年の間、故郷に疎開している。ニュートンの三大業績といわれる、微分積分学、分光学、万有引力の法則などは、この時期に成し遂げられたといわれている。「ニュートンの創造的休暇」とも呼ばれているが、なかなか凡人には真似できない。

皮肉なことに、新型コロナウイルス対策としての世界的な経済活動縮小が、地球温暖化の主要原因とされる二酸化炭素の排出量を激減させた。世界の主要都市での環境汚染が一時的にではあれ改善され、青空が戻った。

人間は物事が指数関数的に変化するときに危機を感じる。新型コロナウイルスの感染者数が一日、一週間の単位で急増したので、「これは大変だ」ということになっているが、一年、十年の単位で進行する環境変化、特に地球温暖化についての反応は鈍い。しかし、大気中の二酸化炭素濃度を十年単位でプロットしてみると、産業革命を契機として、人間の活動が盛んになったここ百年で、指数関数的な増加を示している。ここに危機感をもたなければ、今回の新型コロナウイルスが終息しても、人類の未来はそう明るくないのではなかろうか。人類が作り出した「温暖化」という環境変化に自然淘汰されてしまわないよう、ライフスタイルの変化を真剣に考えねばならないであろう。

第2章

治む――混乱の時代に生み出される価値

國部克彦

1. はじめに

混乱とはこれまでの秩序が乱された状態をいう。したがって、秩序が回復されれば、混乱も治まる。交通システムの混乱や情報システムの混乱のように、障害の原因が特定され、それが解決されれば、混乱は元に戻る。しかし、障害の原因を取り除くことができず、混乱が常態化して、元の状態になかなか戻らないとき、私たちは新しい秩序を創り出さなければならない。想定を超える大規模な自然災害や金融市場の突然のクラッシュなど、二一世紀に入ってからも人類はそのような簡単には治まらない混乱に直面してきた。二〇二〇年以降世界を巻き込んだ新型コロナウイルスの蔓延も、世界史に残る混乱を引き起こしている。まさに私たちは「混乱の時代」に生きているといえるであろう。

しかし、秩序を守ることと秩序を創ることはまったく違う。人類はこれまで、秩序を守り、それを維持するための仕組みづくりには熱心であったが、新しい秩序を創ることに関しては、それほど十分な知見を蓄積してきたわけではない。それは新型コロナウイルスの蔓延に対する各国政府の手際の悪さに象徴的に現れている。新しい秩序を創造するには、秩序を形成している最も深い部分への理解が欠かせない。その理解が十分でなければ、新しい秩序を生み出すことはできず、最終的には混乱も収拾できない。

本章では、この問題に対して価値の創造という視点からアプローチする。秩序とは世の中における価値の優先順位を反映しているので、秩序の混乱とは価値の混乱にほかならない。また、価値とは主観的な概念であるが、社会的に共有されている秩序は法や道徳のように客観的に識別できる。したがって、価値と秩序の問題は、主観と客観の相互作用の問題であり、序章で議論した価値創造スクエアの枠組みにも適合している。本章では、新型コロナウイルスの蔓延という人類史に残る事態を糸口にして、混乱の時代に生み出される価値について、主観と客観の双方の視点から考えていきたい。

2. 混乱の時代における価値の役割

新型コロナウイルスの蔓延は、多くの価値を破壊した。生命はもちろん、財産や富、そして社会的慣習までも突き崩してしまった。そのことによって人類は地球規模で混乱している。この混乱を収めるには失われた価値を回復する必要があるが、それができないとすれば、新しい価値を創造するしかない。しかし、秩序を回復するための価値の創造は、既存の秩序を前提とした価値創造とは異なっている。それは、複数の価値の優先順位の検討から始めなければならないからである。

平時であれば、価値の優先順位を考えることはあまり必要ではない。なぜなら、価値の優先順位はすでに社会的におおよそ決められていて、それを前提として新たな価値を創造することが求められているからである。しかし、いったん、価値が消失してしまった場合、どの価値から優先して回復していくか、あるいはどの価値を新しい価値で代替するかは、社会にとって重大な問題である。なぜなら、どの価値を優先するかによって、これからの社会の在り方が変わってしまうからである。これはまさに社会構造の問題でもある。しかも、その価値の優先順位を誰がどのように決めるのかも、重大な問題である。

その意味で、新型コロナウイルスに対する各国政府の対応が、生命と経済という二つの価値の間で右往左往してしまっていることは、この二つの価値の間の優先順位について社会的な合意が形成されていないことを示している。経済と生命を比較すれば、優先すべきは生命であることは、大多数の人々が賛成するであろう。しかし、問題はそのように単純ではない。なぜなら、経済は生命を維持するための手段であり、この二つの価値は明確に区分することが不可能だからである。経済は、人間が社会で生きていくうえでの基盤であり、生活そのものである。自給自足の生活でない限り、地球上の誰一人として経済なくして生きていくことはできない。このように考えれば、生命と経済の対立は、生命と生活の対立と読み替えることができる。

生活は生命があってこそ成立するから、生命と生活の価値の優先順位は、当然、生命が第一、生活が第二になるはずである。しかし、それは人間が一人の場合であって、一人の生命と十人の生活、一人の生命と百人あるいは千人の生活の比較であれば、どちらに優先順位を付けるかについて、理論的に正解を導出することはできない。これは個のために全体を犠牲にするのか、全体のために個を犠牲にするのかという古典的な倫理問題に帰着するものであるが、今まさに全人類がこの問題に対峙しなければならない状況に追い込まれている。

この問題には正解がない以上、私たちはこの問題を常に考え続けていかなければならない。思考を止めると、そこで必ず何らかの価値が失われてしまう。しかも、混乱の時代には、価値観の多様性を認めるような余裕が失われて、簡単に全体主義に転落してしまう危険性があることを過去の歴史は教えている。新型コロナウイルスの問題がそこまでの事態を引き起こすか否かは分からないが、危機に乗じた一元的な価値観の押し付けはすでにいたるところで生じている。

ちなみに、価値の定義は、ときに社会の形を決定してしまうほど、強力なものとなる。「価値とは効用である」という定義を受け入れた社会は、効用を最大化させるための制度や実務を奨励し、それが市場を生み、株式会社を発展させ、資本主義社会が形成された。一方、「価値は労働の成果である」と定義すれば、労働の成果を公平に分配することが最優先の課題となり、搾取される階層の復権と公正な分配を追求して社会主義社会が形成された時代もあった。したがって、優先されるべき価値が、効用や労働の成果ではなく、個人の生命や生活であるとすれば、資本主義社会でも社会主義社会でもない新しい社会の構築が目指されるべきである。混乱の時代には、このように価値の根本を問い直さなければならない。

その場合、このような問題の判断を他者に委ねるのは危険である。たとえば、政府機関にそのような役割を任せられるであろうか。この点は新型コロナウイルスへの対応を見て、とても政府には任せられないと思った人も多いのではなかろうか。もちろん、日本だけのことを言っているのではない。しかし、これは何も現在に始まったことではない。新型コロナウイルス蔓延の下で、再び読者を獲得しているカミュの『ペスト』では、準主人公のタルーが、ペストに苦しむオラン市を救うために市民による保健隊を提唱するくだりで、次のように発言している(注1)。

彼らに欠けているのは、想像力です。彼らは決して災害の大きさに尺度を合わせることができない。で、彼らの考える救済策といえば、やっと頭痛風邪に間に合うかどうかというようなものです。彼らに任せておいたら、みんなやられてしまいますよ、しかも彼らと一緒に私たちまでも。

ここでタルーが「彼ら」と呼んで批判しているのは、すぐに想像がつくように、政府(オラン市当局)であるが、このような批判は、新型コロナウイルスに苦しむ現在も共通する。つまり、カミュが『ペスト』を著した時代から(あるいはそのずっと以前から)、政府とはそもそも「想像力に欠ける」主体だったのである。なぜなら政府は、主権者の意向という目に見える指針がなければ、行動できない構造になっているからである。これは何も政府機関に限ったことではなく、企業や学校のような組織にも当てはまる。

(1)カミュ『ペスト』新潮文庫、二〇〇四年、181ページ。

しかし、混乱の時代は、先を見通すための想像力がなければ打開することができない。この想像力を発揮できるのは、政府や企業または学校のような制度的に確立された組織ではなく、個人でしかない。危機に臨んで、個人が想像力を発揮して困難を乗り越える方向性を考えて実践しない限り、社会は変わらない。ここで重要なことは、混乱の時代に、政府や企業あるいは学校のような組織に依存することは非常に危険であることに、気づくことである。なぜなら、そのような組織のリーダーたちは、混乱の時代において、個よりも組織を優先するように動くからである。それが国家レベルになれば、全体主義が顔を出すことになる。カミュは、人間社会が危機の克服を合言葉に全体主義化する傾向があることを見通して、その批判として『ペスト』を著したのである。

したがって、混乱の時代を治めるには価値の優先順位を再考する必要があるが、それを政府機関や自分が所属する組織などに任せるのではなく、私たち一人ひとりが、意識的に考えて判断し、可能な範囲で価値を回復させ、新たな価値を創造することが求められる。価値の優先順位を考えるにあたっては、少なくとも、最も本質的な価値とは何かについて、新しい社会環境の下で再検討する必要がある。さらに、複数の価値を評価したり、失われた価値を回復したりするために、科学や技術が必要になるが、これらの手段も価値の優先順位の判断に大きな影響を及ぼすため、慎重に検討する必要がある。

そのためには序章で検討した価値創造スクエアで示した主観と客観の相互関係を意識することが有効である。混乱の時代における私たちの「期待」とは何なのか。それが社会的に認識されている「課題」と「結果」に反映されているのか。反映されていないとすれば「満足」いく「結果」を得るためには何が必要か。このような点を繰り返し、繰り返し、考えていくことでしか、混乱の時代を治めることはできないであろう。

本章では、そのための思考実験として、混乱の時代の価値について具体的に考えていきたい。そこで取り上げる価値は、経済、自由、生命という三つの価値である。混乱の時代には価値の優先順位が問題であるから、生命を起点にして、経済と生命、自由と生命の関係を最初に考える必要がある。平時であれば目に見えなかった価値同士の関係が明るみに出たり、壊れたりするとき、私たちはどのように判断すればよいのであろうか。3節ではこの問題を考える。

価値は主観的な現象であるが、複数の価値のうちどれを優先するのか、どの価値からどのように回復させるのかを判断するためには、客観的な根拠が必要と思われるかもしれない。価値の基準を提供するのが科学であり、さらに失われた価値を回復したり、新たに創造したりするためには技術が必要である。しかし、客観的に見える科学や技術を主観的な価値の世界に接合することは、実は容易なことではない。それは、主観と客観の境界が一般に考えられているように明確なものではないからである。4節ではこの問題を考える。

このように、混乱の時代に価値を問うということは、主観と客観の関係を問い直すことにほかならない。そのときに、思考を駆動する出発点は主観であって、客観ではない。それは、価値創造スクエアでいえば「期待」に相当する。しかし、「期待」が「満足」につながるかは、「結果」だけでなく、それを「判断」する必要がある。その「判断」は、後述するように科学だけでは十分ではないとすれば、何を根拠に下されるべきか。5節ではそれを人間としての責任に求めて議論することにしたい。

3. 価値の優先順位

3・1 経済と生命

新型コロナウイルスの蔓延に際して、各国政府が経済と生命という二つの価値の間で揺れ動いたことはすでに述べた。その中で、経済に対する生命の優位も、ほぼ世界の共通理解として示された。しかし、経済は生命を維持する生活の手段であるから、経済と生命は代替的な関係にあるのではなく、その折り合いをどのようにつけるかの問題として考えなければならない。

経済は人間にとって手段であることは明らかであるが、経済システムが地域だけでなく地球全体を覆うようになり、手段であるはずの経済が人間にとって目的化してしまう傾向がますます強まっている。そもそも社会の中の一部であった経済が、社会を飲み込み、社会が経済の一部になってしまうと、経済を維持するために社会が構成されるようになり、そこで価値観が逆転してしまうのである。

これは企業での生活を考えればよく分かるであろう。現代社会の多くの人々は、企業に勤労者として雇用されているが、彼/彼女らは基本的には労働時間と引き換えに給与を受け取っているので、勤務時間中は労働を目的化しなければならない。そのような仕事を、勤労者としてではなく、共同体の一員として企業等の組織に所属していると認識すれば、企業のため（つまり経済のため）に生活しているという錯覚が生じ、経済の目的化が身体にまで浸透してしまうようになる。このような経済の目的化が、社会システムとしてだけではなく、人間の内面にまで深く食い込んでいるところに、現代社会の病理があることは、すでに多くの論者が指摘してきたことである(注2)。

その具体的な問題を、新型コロナウイルスは白日に下にさらしたのである。たとえば、通勤時間の満員電車、航空機のエコノミー席の狭隘さ、狭い部屋での連日の長時間勤務などは、これまでことさら問題にされることなく、社会的に許容する価値観が形成されていた。しかし、新型コロナウイルスの蔓延によって、そのような旧来の価値観が問われていることは、経済と生命の価値の優先順位が変化しつつあることを示している。

しかし、満員電車もエコノミー席も毎日の会社勤務も、問題の本質ではなく、その「症例」にすぎない。経済の問題の本質を突き止めて思考しない限り、経済と生命の望ましい関係はどこにあるのか、という問題は解くことはできない。これらの「症例」は、経済を駆動している行動原理から生じている。それは効率のあくなき追求である。経済学は価値を効用として定義し、多くの国や組織ではそれを受け入れて効用を最大化するように政策や方針が展開されているが、効用を最大化するためには、インプットに対するアウトプットの比率を最大化する必要がある。これが効率の概念である。

平時において、経済効率を追求することは批判されるべきことではなく、むしろ大いに奨励されるべき

(2)たとえば、カール・ポランニー『経済の文明史』筑摩書房、二〇〇三年や、ミシェル・フーコー『監獄の誕生』新潮社、一九七七年などを参照されたい。

ことである。人間がもつ資源はすべて有限で希少であるから、それを効率的に活用することはきわめて重要な課題である。しかし、効率の追求のために生命が危機に晒されてはならない。過度の効率化の弊害はこれまでもたびたび指摘されていたが、新型コロナウイルスは、これまで私たちが「許容していた」効率化の程度が、状況が変われば生命を損ねる可能性があることを教えてくれた点で、経済の仕組みそのものの再考を迫っている。つまり、「許容していた」のではなく、知らず知らずのうちに「許容させられていた」のである。

新型コロナウイルスの蔓延を受けて、今後、経済の仕組みをどのように構築すべきかは、政治家や経営者あるいは学者だけに任せてはならない。経済活動の担い手として参画しているすべての人間が、自らの問題として考える必要がある。今後の経済を考えるならば、過度の経済効率の追求を再考し、生命に危険のない範囲で、経済が持続可能になるような仕組みに改めるべきであろう。そのためには経済効率追求の手段の妥当性を、一つ一つ検証することが求められる。

たとえば、企業経営の指針はすべて基本から見直されるべきであろう。特に重要なことは、企業が生み出す価値を配分する対象者は誰かという、株式会社の基本から再検討することである。株式会社は、法的主体としては、貨幣資本の提供者（株主）の所有物であり、その最終的な価値（利益）は最終的には株主の持ち分となる。しかし、企業を製品やサービスの生産主体とみれば、そこで創造される価値（付加価値）は、株主に対してだけではなく、企業に対して人的資本を提供した従業員、社会的資本を提供した政府機関や地域社会、一時的な資金を融資した金融機関など、さまざまなステークホルダーに分配される。

新型コロナウイルスの蔓延下では、生命にステークホルダー別の優先性はないのであるから、株主利益だけを考えることは許されず、すべてのステークホルダーに配慮した企業経営に転換することが必要となる。経済の株主偏重に関しては、アメリカの経営者団体（アメリカビジネスラウンドテーブル）が、二〇一九年に株主中心ではなくすべてのステークホルダーを対象に経営を行うと宣言しており、新型コロナウイルス以前から、この問題は広く認識されていたのであるが、新型コロナウイルスによって、この問題はより鮮明に顕在化したと解釈することもできる。

さらに、経営者としては、企業経営が過度の効率追求となっていないか、特に経営目標の設定や業績評価の面で再検討すべきである。従業員も、日々の業務の中で、経済効率向上のために不必要な作業をしていないかを点検し、改善を申し入れるべきである。株主は、経営者に対して資本効率だけでなく、すべてのステークホルダーへの目配りが必要なことを経営者へ伝えるべきである。また、これは生命の価値の問題であるから、どの立場にあっても、最も弱い立場のステークホルダーへの配慮が求められる。

経済の問題は新型コロナウイルスの蔓延による経済的な損失を、社会全体でどのようにカバーするのかという問題も含んでいる。各国政府が新型コロナウイルス対策としての経済支援に苦労するのも、この負担に対する社会的合意がないまま、支出を考えなければならないからである。これを経済と生命の価値の関係からすれば、生命への影響が大きくならないように費用の負担を考えるべきであろう。生命という観点からすれば、すべての人間が平等に負担するのではなく、負担できる人間がより多く負担すべきということになる。新型コロナウイルスの蔓延以前から、経済格差の広がりが大きな社会問題となっていた。生命が人間にとって平等な価値である以上、経済格差の拡大はそれに反するものである。この問題は、経済と公正という長年にわたって人類が議論されてきたテーマであるが、新型コロナウイルス蔓延という状況下で、再度本質的な議論が求められている。

3・2 自由と生命

新型コロナウイルスで失われた価値は経済だけではない。人間にとってかけがえのない自由という価値が大きく棄損された。新型コロナウイルスの蔓延に際して、多くの政府機関が国民に移動制限を課したが、これはその典型である。人間にとっての移動の自由は、民主主義国家において人間が勝ち取ってきた基本的な権利であると同時に、これまでの人類の繁栄をもたらしてきた重要な要因でもある。グローバル社会における不可欠な相互理解も人間の移動によって果たされてきた面が非常に強い。そのような移動の自由が、新型コロナウイルスの出現のために簡単に制限され、それが大きな抵抗もなく受け入れられる現実は、人間にとっての自由が危機に瀕しているともみることができよう。

もっとも、このような政府による国民の自由の制限は、国民の生命を守るという点で、概ね国民の支持を得ているようであるが、これが国家による国民の監視・統制につながる危険性を厳しく批判する論者もいる(注3)。国政を任されている責任者がこの機会に国民を統制したいと願っているかどうかは別として、新型コロナウイルスを理由に国民を統制することは、その問題が解決しても形を変えて継続する恐れがないとはいえないのである。また一方で、全体の「利益」のために個の自由を積極的に制限すべきであるという意見も根強く存在している。

さらに、新型コロナウイルスが克服される以前から「ポストコロナ」、「アフターコロナ」という言葉が生まれ、「ニューノーマル」という言葉も中身が十分に検討されないまま世界に拡散している。ノーマルとは秩序であるから、これが人間の自由を制限することは明らかであるにもかかわらず、その内容が確定される前から、それを是とした風潮が広まりつつある。しかし、中身の分からない「ニューノーマル」が新しい統制社会の入口になる可能性は誰も否定できない。

これは移動の制限という面だけでなく、医療という形で人間の身体にも関わりつつある。すでに海外渡航をはじめPCR検査が義務付けられるケースが増加しており、ワクチンが開発されれば、ワクチンを接種しなければ渡航できない状況は容易に想像できるし、国や職場によっては、ワクチンの事実上の強制接種という事態も十分に起こりうるであろう。しかし、そうなれば100パーセント安全なワクチンなど存在しないのであるから、ワクチンの接種拒否をどこまで認めるかという問題が浮上する。これは、人間にとってのリスクの許容度という自由の問題である。そのときに、ワクチンの接種拒否という自由を「身勝手」と言って否定するようでは、価値観の全体主義化に加担することになるであろう。

もちろん、新型コロナウイルスから生命を守るためには、人間の自由の制限は仕方がないと判断する人

(3) その代表として、イタリアの哲学者ジョルジョ・アガンベンを挙げることができる。アガンベン自身のホームページで公開（イタリア語）されているが、その一部は『現代思想』二〇二〇年五月号に邦訳の上、収録されている。大澤真幸・國分功一郎『コロナ時代の哲学』左右社、二〇二〇年でも、アガンベンの主張をめぐって議論が交わされている。

も多数存在していることは事実である。生命を守るために危険を最大限抑止しようという考えはよく分かる。しかし、それがどの程度の必要性と根拠に基づいているのかは、誰も分からないわけであるから、対立する価値のどちらを選択するかは、最終的に個人の判断に委ねるべきである。それを政府機関を含む他者に委ねることは、自分の人生を他者に委ねることと同じで、そこに危険を察知すべきである。

このことは、自由が、人間が封建制度の時代から闘いながら獲得してきた価値であることを考えるならば、生命を守ることだけが人間にとって最優先の価値なのかという根本的な問題として捉える必要がある。多くの人々は「生命」と聞くと、そこで思考停止になってしまうが、自由のために、多くの人間の血が流されてきた過去を見れば、問題はそのように単純ではないことに気づくであろう。また、これは程度の問題でもない。制限が緩いから我慢できると思っていると、自由はそこから簡単に棄損されていくのである。したがって、そもそも自由を制限することが本当に必要なのかという判断が常に必要とされる。新型コロナウイルスによって、自由が制限される現在においても、それを当然のことと受け止めるのではなく、その妥当性を一人ひとりの個人が問うことが求められる。しかも、その妥当性は常に変化し、一定ではない。

たとえば、オンラインで授業しなければならない状況を組織から強いられている教員が、新型コロナウイルス禍においても対面教育の方が効果的であると判断した場合、どのような行動をとるべきであろうか。多くの教員は、組織が決めた判断だから、仕方がないと諦めるのではなかろうか。これは、行政組織でも企業組織の場合でも同様であろう。組織の判断はそれほど容易に人間の自由を拘束してしまう。しかし、たとえそれがやむを得ない判断であったとしても、それを無批判に受け入れること自体が、人間としての自由を放棄していることに自覚的でなければ、自由の価値は棄損してしまうのである。

新型コロナウイルスのリスクが存在している中での人間の自由の範囲については、正解が存在しているわけではない。正解が存在しない状況では、できるだけ多くの人間がこの問題を真剣に考えて判断し、行動する必要がある。主観的な意見を統一する必要はなく、多様性を残した対処方法も十分考えられる。重要なことは、判断の責任を誰かに委譲しないことである。判断を他者へ委譲した瞬間に全体主義が顔を出す。

ただし、新型コロナウイルスという自然現象に対して、人間の主観的判断はあまりにも脆弱なように見えるかもしれない。何らかの客観的な価値の判断基準に頼りたくもなるであろう。また、実際に価値が喪失しているわけであるから、価値の優先順位が決まっていなくても、できるところから何らかの手段で価値を回復しなければならないことも事実である。このとき基準と手段が備える客観性は、価値という主観的な現象に対する解決策のように見えるかもしれない。特に、混乱の時代にはその傾向が顕著になる。しかし、本当にそうであろうか。次に、価値の判断基準として科学を、価値の回復手段として技術を取り上げて、この問題を考えよう。

4. 価値の判断基準と回復手段

4・1 価値の判断基準としての科学

混乱の時代とは既存の価値が揺らぐ時代であるから、新たな価値の判断基準が求められる。一般に、価値には真、善、美があるとされている。「真」とは普遍的な正しさ、「善」とは共同体の中での規範、「美」とは個人の判断であり、それぞれ価値の範囲が異なる。つまり、全世界で共通に価値のあるもの（真）、ある一定の集団で価値のあるもの（善）、自分にだけ価値のあるもの（美）の三つである。新型コロナウイルスは全人類に共通する自然現象であるウイルスが原因であるから、まずは「正しい」対処方法が求められるわけで、その意味で「真」の価値判断が求められる。

このような価値判断の基準を与えるのは、従来は宗教の役割であったが、現代では科学である。実際、新型コロナウイルスの対策のために、政府機関は専門家である科学者を集めて、科学的根拠に基づく政策を展開しようとしている。しかし、新型コロナウイルスのような未知のウイルスに対して、科学がどれほど役に立つのか。そもそも「科学的知見」というものをどのくらい信じてよいものなのか。その分野の科学の専門家でない人間、つまり一般人はどのように判断すべきであろうか。このような問題は平時においても常に問われるべき問題であるが、新型コロナウイルスの蔓延のような緊急時においては、それは自らの生命に関係することでもあるので喫緊の課題となる。

価値の基準として科学を考える場合に、忘れてはならないことは、人間の能力に比して、対象とする世界はあまりにも広大かつ膨大であり、それに比べて科学者という専門家が知り得ることとはあまりにも少なく、専門家といえども世界は分からないことだらけであるという当たり前の事実である。科学には大きな限界がある。したがって、科学に全面的に価値判断を委ねることはできない。

しかも、科学者といってもお互いに意見が一致するとは限らず、むしろ科学者の見解は通常きわめて多様であり、学界では常に論争が繰り広げられている。間違っているとして棄却された理論が、後に正しいと証明されることや、その逆の事例は枚挙にいとまがない。しかも新型コロナウイルスのように、極めて最近発生した問題については、その分野の専門家すら存在しない。したがって、私たち一般人もそれぞれの立場で最善を尽くすことが求められる。そのためには科学との距離の取り方を理解する必要がある。

専門家と一般人を分ける一つの壁は、証拠へのアクセス能力である。私たちは専門外のことでも資料や二次データは収集できるし、データが入手できれば統計の知識があればかなり複雑な検証もできる。しかし、専門家としての訓練を受けていない限り、新型コロナウイルスそのものを取り扱うことはできないので、一次データとしての「科学的証拠」を提供することはできない。それは専門家に任さなければならない。一方、出された証拠の分析や解釈は、科学の世界だけでは対応しきれない。科学ができるのは、提示された証拠が「妥当」であることを示すところまでである。もちろん、訓練を積んだ専門家のほうがデータの分析や解釈は優れていることが多いかもしれないが、彼らは分析手法の専門家ではないし、解釈にあたって考慮すべき要因の範囲を考えれば、専門家と一般人の差はそれほど大きくないのである。その意味で、科学的データの解釈は、専門家だけでなく、社会に対しても開かれているべきである。

そのときに重要なことの一つは、リスクに対する解釈である。福島第一原発の事故のときにも経験したように、放射線が人体に影響があるとかないとかというのは、確率の問題であって、その確率つまりリスクに対する個人の判断にまで科学が介入することはできない。これは、新型コロナウイルスについても同じことであり、将来開発されるであろうワクチンのリスクも同様である。リスク回避の程度は、個人が判断すべき価値であって、それを政府や組織が強要すべきではない。そのためには一般人も必要なデータをしっかりと読み込み、自分自身で納得できるように判断する責任がある。

新型コロナウイルスに関しては、公表されているデータを少し分析すれば、誰でもある程度のことは見えてくるようになる。しかし、政府やマスコミの二次加工データにだけに頼っていては、結局押し付けの価値観に従わざるを得なくなる危険がある。自らに降りかかるリスクは、まず自らで評価し、判断することが原則である。その意味でデータの公開とその妥当性は、根本的に重要である。

このような科学の妥当性を社会の中で検証するためには、専門家と一般人の間の適切なコミュニケーションが欠かせない。この分野は科学コミュニケーションとして近年注目されてきているが、新型コロナウイルス対策のような専門家と一般人のコミュニケーションが緊急に必要な場面では、まだうまく機能していないようである。これは新型コロナウイルスの全体像を専門家自身もうまく把握できていないことと、危機に瀕して感情的に動きやすい人間の特質が影響している。まさに混乱の時代ゆえの状況なのであるが、このようなときこそ、丁寧な対話の積み重ねが必要になる。

価値の規準である真、善、美の話に戻れば、科学が限定付きの「真」として提供できるのはデータまでであり、データの解釈は社会に開かれていなければならず、個々の人間の責任ある判断が実践されてはじめてその社会において「善」とすべき規範が生まれることになる。前節で議論した、経済や自由の価値も、このようなプロセスを経て議論されなければならない。客観的に見える科学も、最終的には主観的なレベルでしか判断できないので、その判断を誰かに委譲することは、常にリスクが伴うことに気づかなければならない。このことは、技術による価値の回復の場合にも妥当する。

4・2 価値の回復手段としての技術

混乱はこれまで享受できていた価値が失われることによって生じる。したがって、失われた価値を諦めないのであれば、それを回復させるか、新しい価値で代替することが求められる。そのときに必要とされる手段が技術である。

新型コロナウイルスによって、私たちは多くの価値を失ってしまった。その中でも最大の喪失価値は、生命や経済以外では、先にも述べたように、移動の自由であろう。移動の制限によって、諦めなければならない価値も数多くあるが、技術によって回復できる価値もある。技術によって価値を回復するということは、技術による価値創造と構造的には同じであるが、これまであった価値と技術によって回復された価値は同じでないので、その差異を常に意識する必要がある。

この問題を教育について考えてみよう。移動できないことによる価値の喪失は、教育現場でも深刻な問題である。学生や教員が学校に移動できず、教育という価値が失われてしまっては、人類にとって重大な損失となる。しかし幸いなことに、ＩＣＴ（情報通信技術）の発展によって、対面での教育を遠隔で行うことで、かなりの程度がカバーできるようになっている。これは技術が価値の回復に貢献している好例である。

しかし、技術によって回復された価値はかつての価値と同じではない。オンライン講義の結果失われた価値があれば、それによって得られた新たな価値もある。たとえば、オンライン講義では学生の表情から反応を読み取って教育を進めることはできないが、チャット機能を利用すれば受講生からの反応を即座に受け取ることができる。しかし、チャット機能によって、学生の表情から反応を読み取ることの価値がカバーされていると考えるのは正しくない。チャットはあくまでも言語的コミュニケーションの手段で、表情や態度という非言語的コミュニケーションとは同じではないからである。

これは企業における在宅勤務についても同じことがいえる。ＩＣＴの発展は、社員の在宅勤務を可能にさせたが、そのことは仕事そのものに大きな変化をもたらした。定型的な仕事は、オンラインの方がスムーズに進むことも少なくない。しかし、現在のビジネス上の課題を発見し、それをこれまで想定されていない方法で解決しなければならなくなったとき、ＩＣＴはそれを十分支援できるであろうか。

イノベーションの本質は、創造的な破壊であるから、オンラインという制約された技術によるコミュニケーションでは、イノベーティブな活動が大幅な制約を受けてしまうことは容易に想像がつくであろう。誰かがまだ定型化されていない革新的なアイデアを思いつき、それを伝播しようと思ったとき、定型化された技術であるオンラインはその価値を損ねてしまう可能性が高い。なぜなら、革新的なアイデアは、言葉だけで伝えることは難しく、それを語る生身の人間の熱い想いや意気込みが大切で、それはオンラインでは十分に伝わらないからである。

したがって、技術によって失われた価値の回復を行う場合、技術は中立的なものではないことを理解しておく必要がある。むしろ、技術が提供する新しいプラットフォームによって、人間の価値が拘束されることに敏感であるべきだ。ここで重要なことは、個別の技術の限界を問題にすることではなく、技術というものは本質的に、その枠組みの中に人間を押し込んでしまうので、その結果失われる価値があることに気づくことである。つまり、技術の枠組みから生み出される価値がある一方で、その枠組みに入りきらない価値が喪失してしまう。それは仕方のないことではあるが、その喪失に気づくことが、技術による人間の支配を克服して、新たな価値を生み出すことに通じるのである。

一方、技術によって生み出された価値も、もともと人間に備わっていた価値であることも忘れてはならない。オンライン教育ができるのも、人間が教育を担う価値をもっているから、その能力の部分をＩＣＴで取り出しているにすぎないのである。その意味で、技術は価値を創造するのではなく、既に存在している価値を引き出しているにすぎない。これは、すべての技術に共通する技術の本質の一つである。したがって、技術によって引き出された価値を技術のおかげと考えるだけでなく、もともとそれだけの価値が自然界や人間社会に存在していたと考えることで、社会に対する見方も変わるであろう。

また、技術は可能性であると同時にリスクでもある。人類がこれほどまで物理的な移動手段の技術を発展させなかったならば、新型コロナウイルスの蔓延が生じていたかどうかは分からないし、仮に出現したとしても、これほど早く世界に蔓延することはなかったであろう。このように、価値と技術は親和的でもあり対立的でもある。したがって、混乱の時代には、技術に頼らざるを得ないとしても、その限界を理解して、技術の利用者である人間が主体的に判断して課題に対処する必要がある。

5．責任と判断

経済や自由と生命の間の価値の優先順位や、価値の判断基準や回復手段として機能する科学や技術の役割について論じてきた。そして、経済や自由という主観的に左右される価値の場合はもちろん、科学や技術という客観の世界に対しても、人間の判断が重要であることを指摘してきた。しかも、混乱の時代には、秩序を回復しなければならないわけであるから、人間一人ひとりの判断と行動はそれだけ重くなる。それでは、その判断は何を根拠になされるべきであろうか。客観的な基準や手段に見えた科学や技術は、人間の主観的な判断を介さずには有効に機能しえないことをこれまで見てきた。本章では、主観的な判断を求める根拠を人間としての責任に求めたい。

責任とはあまりにも一般的に使用されている用語なので、その本来の意味が誤解されやすい。私たちがすぐにイメージする責任とは、何らかの義務が割り振られて、それを果たさなければ罰を受けるか、達成すれば褒美をもらうような責任であろう。組織の中で構成員に課せられる責任の大半はこのような種類の責任である。これらはその範囲が限定されていることから「有限責任」と呼ぶことができる。しかし、ここで考える責任はそのようなものではない。

一方、責任は英語では responsibility と表現され、それは response（応答）と ability（できる）という二つの用語から成り立っている。それを文字通り解釈すれば、「応答できること」が責任の意味となる。私たちは、いつどこで誰から何を呼びかけられるか、分からないわけであるから、このような責任の範囲をあらかじめ決めて、割り振っておくことはできない。しかし、人間は、誰でも、他者からの呼びかけに対して、応えられるならば応えなければならないというのが、レスポンシビリティとしての責任の意味である。しかし、その責任の範囲は、事前に決定することができず、他者も特定できない。したがって、レスポンシビリティとしての責任の本質は無限であると、多くの哲学者たちが論じてきた（注4）。このような種類の責任を、個人に割り当て可能な責任とは区別して、「無限責任」と呼んでおこう。

有限責任と無限責任を価値創造スクエアに即して説明すれば、「課題」から「結果」を求めるのが有限責任で、「期待」を「満足」に変えることが無限責任と理解することができる。つまり、有限責任の世界では、「課題」から「結果」を出せば、それが良ければ褒められ、悪ければペナルティを受けることもある。しかし、無限責任の世界であれば、「期待」に応えることで何らかの「満足」を与えることができる。一方、「期待」に応えることができなくても、現状は変わらないという意味で、つまりより悪くなるわけではないという意味で肯定的な世界であるが、有限責任の世界は「課題」が達成できなければペナルティ

（4）このような責任概念は、エマニュエル・レヴィナスやジャック・デリダに依拠するものである。責任概念に関する哲学的考察については、國部克彦『アカウンタビリティから経営倫理へ』有斐閣、二〇一七年第二章を参照されたい。

を受けるため、否定的な圧力が強まる世界でもある。

この無限責任こそ責任概念の本質である。なぜなら、有限責任の場合、それは法令の遵守であったり、契約の履行であったり、事前に決められたことによってその範囲が決まるので、それをあえて「責任」と名付けなくても、「法令遵守」や「契約履行」と呼んで不都合はない。しかし、そうすると、法令や契約あるいは道徳や慣習のような制度の妥当性を検証する視点がどこにあるのか分かりにくくなる。ましてや、このような制度がなぜ生成したのか、その起源や根拠を説明することはできない。

法令や契約あるいは道徳や慣習が実践として機能している以上、それは無から生じるものではなく、それらに先行する「何か」が存在するはずであり、それを無限責任として理解すべきであると考える。法令、契約、道徳、慣習などを創り出したり、改編したりするためには、それらとは異なる次元が必要で、そこが無限責任が定位される場所である。その意味で、無限責任は、法令、契約、道徳、慣習などあらゆるものの束縛を受けてはならず、原理的に無限定なものでなければならない。なぜなら限定された瞬間に、法令、契約、道徳、慣習などの別の存在に転化してしまうからである。混乱の時代に必要とされる判断は、その明示的な根拠をもたないわけであるから、この無限責任に基づいてなされなければならない。

さて、無限責任というと、非常に厳しい責任であると感じる人もいるかもしれないが、そうではない。もちろん、世界中でたった一人が無限責任を負うのであれば（それは実際には不可能ではあるが）、その人は他者への応答に疲弊してしまうであろう。しかし、すべての人が無限責任を意識して行動するのであれば、たとえ他者が期待に応えられなくても、それを義務として追及されることはなく、応答可能な範囲で対処すれば問題は生じない。逆に、自分の責任であると感じることに対しても、他者もその責任を自分の責任と感じて、責任を共有するようになると考えられる。その意味で、無限責任の世界では、自分の責任は他者からは追及されず、むしろ責任が共有される世界なのである。

このように、責任を果たすことは他者からの呼びかけに応えることであると理解すれば、応答することによって他者は何らかの満足を得るであろうから、そこに価値が創造されると考えることができる。価値は、たとえば趣味のように自分のためだけに創造することも可能であるが、それだけは社会的な意味は少ない。社会的に重要な価値は、自分のためではなく、他者のために創造される価値である。したがって、無限責任を果たすということは、価値を創造することと同義なのである。

また、無限責任はリスクの低減にも貢献する。現代社会は、新型コロナウイルスの蔓延以前から、たとえば、災害リスクや金融リスク、さらにはテロのリスクまでもが高まっている状態であった。技術の高度化は生活を便利にするが、それまで存在しなかった事故のリスクを高める。このような巨大化したリスクに対して、人間は、リスクを分割して管理することで対処しようとしてきた。そして、リスクが大きければ大きいほど、厳格な管理を徹底するように努めてきた。これはまさに有限責任の管理方法である。

もしも、人間が事前にすべてのリスクを予測できて適切に割り当てることができるのであれば、完全にリスクを制御することができるであろう。しかし、人間の能力には限界があり、すべてのリスクを事前に想定することはできない。この想定されていないリスクが突如として出現し、惨劇をもたらすことを私たちはすでに何度も経験している。このようなリスクに対処するためには、有限責任だけではなく、無限責任の視点から、自分に割り当てられていないリスクも自分の責任として考える意識が欠かせない。有限責任による管理を強化すれば、他者の責任に無関心になるだけでなく、自分の責任に対する他者の関与も忌避するようになる。そのことが結果として想定していないリスクが発生したときの被害を大きくしてしまう。

新型コロナウイルスの蔓延は、想定していないリスクそのものであり、誰かの責任として割り振られていたものではない。その意味で、有限責任の原則では対処できない。したがって、自らの責任を顧みず、政府の責任であると声高に責め立ててみても意味はない。自らの責任として判断して行動しないと、問題の解決は得られないし、有効な対策は打てず、混乱の終息も期待できない。もちろん、ウイルスが突然消滅して、問題が解決するという僥倖もあるかもしれないが、その場合は新型コロナウイルスによって明るみに出た人間社会の問題が今後も続くだけである。

したがって、このような混乱の時代にこそ、社会の構成員一人ひとりが、自らの無限責任を意識して、自分に何ができるかを判断することが必要になる。本章で議論してきた、経済や自由と生命の間の価値の優先順位付けの問題や、価値の基準や手段としての科学や技術の利用の問題は、まさにそのようにして対処されるべき問題であり、それがなければ、混乱の時代の後に何ものかによって簡単に価値は一元化され、私たちが考えているよりもはるかに容易に、全体主義的な仕組みや文化に飲み込まれてしまうかもしれないのである。

6．おわりに

本章では、混乱の時代に生み出される価値について、混乱の時代には価値の優先順位を再考しなければならないこと、そのためには人間にとって重要な価値である経済と自由を生命と比較しながら新しい秩序を考える必要があること、価値の判断基準や回復の手段としての科学や技術も、人間の主観的な判断なくしては機能しないことを論じてきた。さらに、このような主観的な判断は、人間が本来もっている無限責任に基礎づけられなければならないことを主張した。本章では、混乱の時代の例として新型コロナウイルスを取り上げたが、これは混乱を象徴する一つの例にすぎず、本章での議論はコロナ禍でなくても一般に適用可能と考える。

本章での議論を、序章の価値創造スクエアに寄せてまとめるならば、混乱の時代における価値の問題は、「期待」や「満足」という主観と、「課題」や「結果」という客観の関係として理解することができる。経済や自由という価値は人間の「期待」と「満足」という主観を背景にしているし、その価値の判断基準や回復手段としての科学や技術は、「課題」に対する「結果」の提供のための客観的な道具である。道具である以上、当然のことではあるが使用者である人間の判断にしたがうことになる。それは人間の主観である「期待」を「満足」に変える価値創造スクエアの下辺である。

混乱の時代には価値創造スクエアの下辺（主観）が、上辺（客観）に与える影響が、人類の行方を大きく左右する。混乱の時代に何を「期待」し、どのような状態に「満足」するのか。すなわち、何を優先的な価値とするのか。これは人間の判断に委ねざるを得ず、それを特定の個人や集団に委ねることは、全体主義の危険性に身をまかせることになりかねない。それを克服するためには、個人一人ひとりが責任をもって判断するしかない。その責任の範囲はあらかじめ限定することはできない無限責任であるべきことを最後に主張した。

もちろん、無限責任の必要性を主張するだけで、それが現実化するわけではない。一人ひとりの人間の無限責任に基づく実践の蓄積によってしか、新しい価値観は醸成することはできない。その意味で、一つ一つの価値創造の実践の意義が問われているのである。

第3章 問う――発散思考と収束思考

祇園景子

1. はじめに

人の脳は、他の生物とはずいぶん違っていて、とても大きく進化している。「人間は考える葦である」とパスカルが言葉を残しているとおり、人はたくさんの情報を記憶して整理し、筋道を立てて、矛盾なく整合的に考えることができる。論理的に考えられるからこそ、新しい発見やおもしろい発明をすることができる。そして、人はこれまでと同じような結果よりも、もっと良い新しい結果を導き、大きな価値を生み出すことができる。

着ていく服を選ぶとき、親戚の法事へはこれまでの慣例や文化にならい、喪服をクローゼットからとり出すだろう。一方、ハロウィーンパーティーに行くときには、誰も見たことのないような奇抜な衣装を自分で作ってしまうかもしれない。私たちは、結果を導くときには、過ちを犯さないようにこれまでの経験や知識にもとづいて再生的な思考で答えを出す方法と、これまでの経験や知識では説明できないまったく新しい答えを創造的な思考を使って出す方法と二つをもっている。誰も見たことのない新しい衣装を作ろうとするとき、私たちはビーズをつけてキラキラにしようかとか、レースをつけてフリフリにしようかなどと考えをめぐらせる。そして、やっぱりビーズやレースよりも、スパンコールのほうがよいという結論に落ち着くかもしれない。このように、いろいろと思いをめぐらして、一つの答えに落ち着くような、いわゆる発散思考と収束思考は、問題を解決する際の基本的な思考の動きである。発散の自由度が高く、収束の条件が独創的であれば、革新的なアイデアが生まれることとなる。

新型コロナウイルスによる感染症の流行によって、人と人とが一定の距離をとるソーシャルディスタンスという言葉が使われるようになり、三密（密閉空間・密集場所・密接場面）を避けることを心がけるようになった。もしあなたがパブリックスペースのデザイナーで、三密を避けるための工夫をしてほしいといわれたら、どのように考えるだろうか。ここでの質問は、「どのような」パブリックスペースを考えるかではなく、パブリックスペースを「どのように」考えるかである。結果を導く思考力とは、「結果をどのように考えるか」を考える力のことである。結果に到達するまでの思考過程をデザインする力である。「どのような結果を考えるか」と問われると、室内を換気するとか、離れて座るとか、握手はしないなどを考えつくだろう。では、「結果をどのように考えるか」と問われると、どうだろうか。ひとまず密閉になっている空間を見に行ってみるとか、人が密集する原因を探すとか、人が接触する場面を列挙するなどの答えが出てくるかもしれない。では、密閉になっている空間を見に行った後はどうするのか？　その後は？　その後の後は？

この章では、結果を導くときに「どのように考えるか」ということについて、問題解決の思考の過程になぞらえて、発散・収束の基本的思考と、思考するときの心持ちを取り上げる。

2. 問題解決の思考の過程

問題に何らかの答えを見つけようとするとき、まずは問題そのものを定義する必要がある。しかし、人によって問題の捉え方が異なっていたり、解く方法があやふやだったり、答えが一つではなかったり、問題そのものを定義できないことに直面することは、普段の生活の中にたくさんある。「人と会う約束があるが雨が降っていて傘がないので濡れてしまう」という問題は、「人と会う約束がある」ことを解決すべきなのか、「雨が降っている」ことを解決すべきなのか、「傘がない」ことを解決すべきなのか、「濡れてしまう」ことを解決すべきなのか、人によって違ってくる。また、「傘がない」ことを解決しようとしたとして、傘を手に入れる方法も人によって違ってくる。一人ひとりに対して個別に価値を届けるのであれば、一人ひとりの問題・課題に対応すればよいのだから、特に問題にはならない。一人ひとりが抱える問題・課題もそれに対する答えも違うのにもかかわらず、一つの解決策でできるだけたくさんの人へ価値を届けようとすると、話がややこしくなる。

最初に、問題と課題の違いを整理しておこう。問題とは理想と現状とのギャップであり、課題とはそのギャップを埋めるための取り組みである（注1）。「人と会う約束があるが雨が降っていて傘がないので濡れてしまう」場合、理想は傘をさして雨に濡れずに待ち合わせ場所へ行くことであるが、現状は傘がなくて雨に濡れずに待ち合わせ場所へは行けない。この間のギャップ（問題）は、待ち合わせ場所へ行くにはびしょ濡れになってしまうことである。そうすると課題は、傘を手に入れる、雨が止むのを待つ、相手に来てもらうなどが挙げられる。

ここで、傘を手に入れることを課題として取り組むことにしたとする。課題を設定したとたんに、傘を入手できる場所を知らないという新たな問題が発生する。スマートフォンで近くのコンビニエンスストアを検索して場所を確認し、その問題を解決すると、次に、コンビニエンスストアへ行っていると待ち合わせ時間に間に合わなくなるという問題が発生する。問題・課題を設定するたびに新たな問題・課題が発生してくるという事態になる。そして、そのうちにそもそも自分がどの問題・課題を解決しようとしているのかが分からなくなり、ついには一体全体何をどうしてよいか分からなくなって、投げ出したくなってしまう。このようなときには、必ず本来の問題へ逐一立ち返らなくてはならない。この問題・課題の往復はイタレーション（反復または繰り返し）と呼ばれている。適切にイタレーションができないことが、問題を解決しにくくしている原因の一つである。

図 3-1 問題解決の思考のイタレーション過程

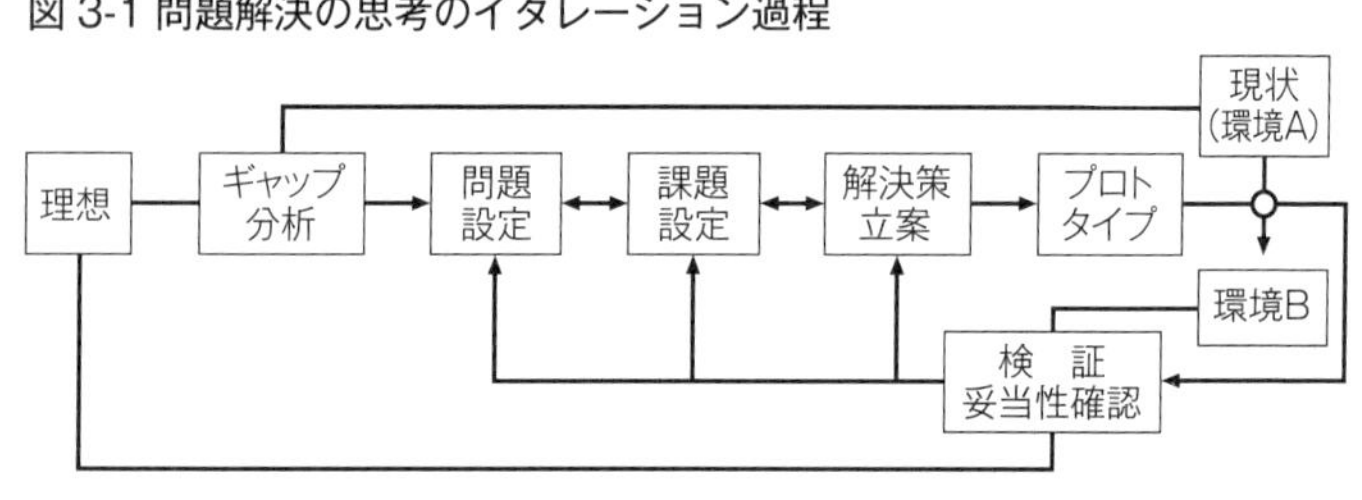

問題を解決するときのイタレーションの過程は、図3-1のようにまとめることができる。まず、理想と現状（環境A）のギャップを分析して問題を設定し、その問題に対する課題を考える。次に、課題をどのように解決するかを考える。そこで出てきた解決策のアイデアを実際に使用できる状態にする。これをプロトタイプといい、プロトタイプすることにより、解決策のアイデアが環境をどのように変化させるかが観察できる。プロトタイプせず、解決策のアイデアを思考の中で試行することもある。解決策のアイデアによって変化した結果（環境B）と理想を比べて検証・妥当性確認をする（検証・妥当性確認については後述）。そして、問題・課題・解決策に修正・改良点を見つけ、問題設定・課題設定・解決策立案を繰り返す。

問題設定・課題設定・解決策立案では発散思考と収束思考をおこなう（図3-2）。発散思考とは、さまざまな方向へ考えを巡らせていくことをいい、同僚に相談したり、インターネットで情報を検索したりすることはこの思考を支援する。一方、収束思考とは、複数の選択肢から一つに絞り込んでいくことをいう。インターネットで情報を検索したときに検索結果から一つのサイトをクリ

(1) 佐藤允一『問題構造学入門』ダイヤモンド社、一九八四年。

図 3-2 問題・課題・解決策における発散と収束

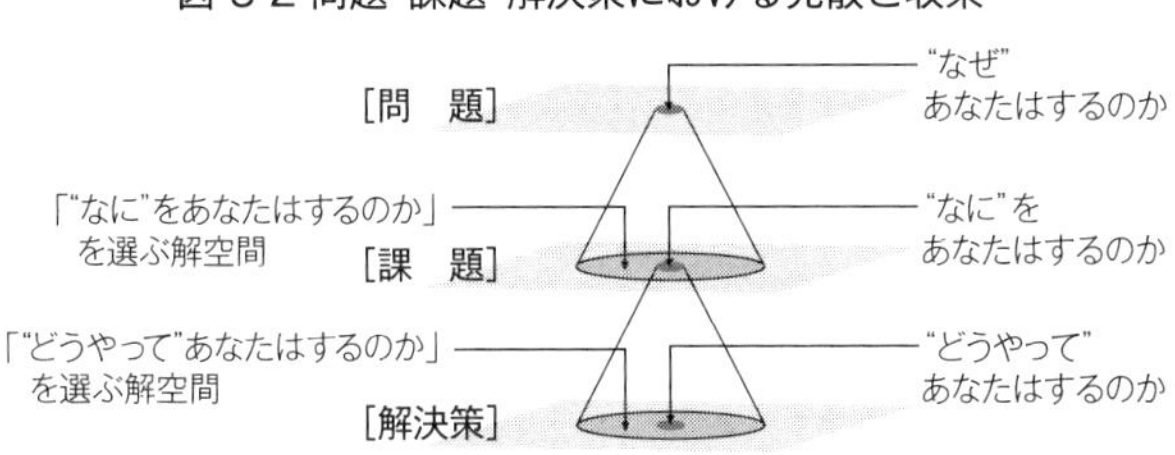

ックすることができるのは、この思考が働いているためである。

前述の「傘がない」ことを問題とした場合、傘を買う、もっている鞄を傘の代わりに頭の上に置く、ビニール袋を頭から被るなどさまざまな課題が想定される。問題を解決することに寄与できるありとあらゆる課題を発散思考で考え、解の選択肢を広げる。そして、それらの解の候補の中から一つの解を収束思考で選ぶ。さらに、選んだ課題を解決することに寄与できるありとあらゆる解決策を発散思考で考え、その後、拡大した解空間の中から一つの解決策を収束思考で選ぶ。これを何度もイタレーションすることで、問題に対する課題を選定し、課題に対する解決策を導く。

アメリカのコンサルタントであるサイモン・シネックは、ゴールデンサークルと名付けられたWHY（なぜするのか）を中心にHOW（どうやってするのか）とWHAT（何をするのか）を順に配した3重の円（図3-3）を使って、優れたリーダーが他者の行動を促す要因を説明している。一般的なマーケティングはWHATやHOWをアピールすることが多いが、人に訴えかけることができるのはWHYであるとシネックは主張する。これは、課題か

図 3-3 ゴールデンサークル

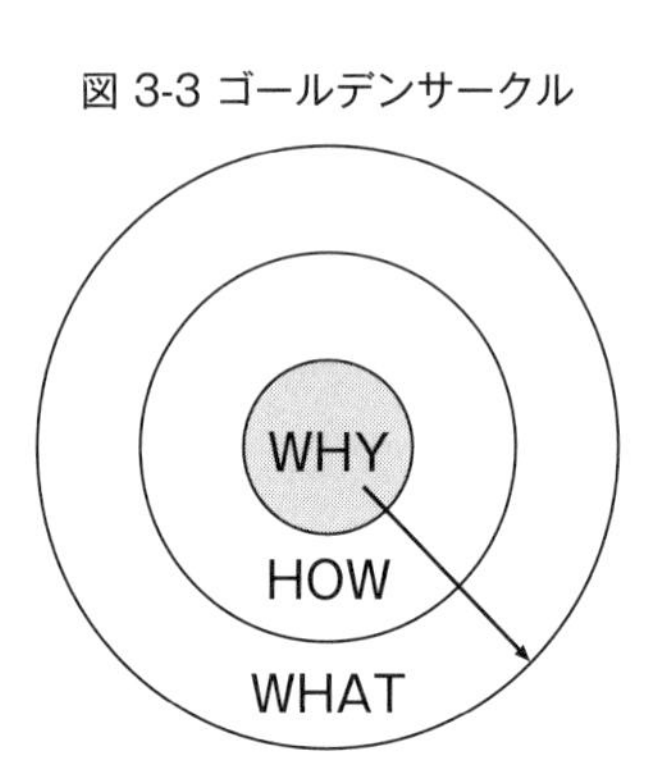

サイモン・シネック『WHY から始めよ!』日本経済新聞出版、2012 年をもとに作成

ら解決策を導く場合にも当てはまる。イタレーションをするうちに、答えに辿り着けるのか分からず不安になったとき、自分がその課題に取り組む信念がなければ、途中で放り出したくなってしまう。また、チームで問題解決の過程を進んでいるときには、ＷＨＹを共有していなくてはチームメンバーはイタレーションの途中で挫折してしまう。自分がその課題を解決したいという気持ちを確認し続けることが大切である。単に「傘がない」のではなく、「待ち合わせ相手に会う」という理想があってこそ、イタレーションを続けることができる。

3. 発散

発散というと、「ストレスを発散する」という言い回しが最初に頭をよぎるかもしれない。ジョギングしたり、山に登ったり、音楽を聴いたり、お酒を飲んだり、ストレスの発散の方法は人によってさまざまだ。思考の発散の仕方も人によって千差万別、得手不得手がある。一人で妄想したり、人としゃべったり、本を読んだり、ネットで検索したり、いろいろな方法がある。

思考を発散させるのだから、ありとあらゆる情報で頭の中はしっちゃかめっちゃかになる。すべてが入り混じって、無秩序で、混沌として、普通の人であれば不安になり、イライラしてくるであろう。まるで、机の上に書類や本が山積みになっていて、その隙間にメモ書きやボールペン、飲みかけのコーヒーカップだのが置いてある状態。たぶん仕事場がきれいに片付いている人は、とても苦手な状態かもしれない。しかし、机の上が散らかっているほうが、人は規範から自由になって発想することができる。一方、きれいに整理整頓されている仕事部屋では、決まりごとに固執する傾向がある(注2)。

あなたの周りにも一人くらいはいるかもしれない。机の上が散らかっていて無茶苦茶に見えるのに、本人にはどこに何の書類があるのか分かっていて、今にも崩れそうな書類の山からすぐに必要な書類を引き出してくるような人が。大学の研究者にはよく見かけるタイプである。実は、その書類の束は発散そのものである。お目当ての書類を引っ張り出すときに、思わぬ物を偶然に発見する。数週間前に受け取ったレポート、つい先ほどメモしておいた紙きれ、ひょっとすると前日の食べ残しのクッキーに蟻が押し寄せているかもしれない。この無秩序が、さまざまな記憶を呼び起こす。セレンディピティの宝庫である。

図 3-4 ルビンの壺

デンマークの心理学者であるエドワード・ルビンが1915年頃に考案

発散は、収束させるときの初期範囲を決める。初期範囲が適切であれば、収束させたときの結果も目的にかなったものが出てくる。発散の範囲が大きければ大きいほど、自由であれば自由であるほど、創造的に思考することができる。より広範な発散には、知識を必要とする。誰も見たことのない新しい衣装を作るとき、布や糸の種類や、衣装の形状について知っているほうが、いろいろな可能性を検討することができる。一方、知識に頼って発散させれば、その知識の範囲内のアイデアしか出なくなる。自分の思考の枠組みから飛び出すことはできない。思考の枠組みから飛び出すくらいに発散の範囲を広げるためには、自分とは違う考えをもつ他者との出会いが大切である。自分と異なる考えをもつ他者は、自分が気づいていなかったことに気づかせてくれる。

さて、図3-4の絵は、どこかで見たことがあるかもしれない。白色に着目すると壺が見え、黒色に着目すると向き合う人の顔が見える。人には偏り（バイアス）があり、物事を考えるときには必ず偏りが出る。偏りなく発散させることはできないだろう。ここで注意してほしいが、偏りが悪いと言っているわけではない。誰しもにバイアスがあることをあらかじめ理解しておけば、発散の偏りを認識することができ、新しい気づきが得られることもある。バイアスは、発散だけでなく、もちろん収束にも大きく影響する。

発散思考の技法の代表的なものにアメリカの実業家であるアレックス・F・オズボーンが提唱するブレ

(2) Vohs, K. D., Redden, J. P., Rahinel, R., Physical Order Produces Healthy Choice, Generosity, and Conventionality, Whereas Disorder Produces Creativity, Physiology Science, 24(9), 1860-7, 2013.

インストーミングがある。ブレインストーミングは、おおよそ5～10人の集団が、与えられたテーマについて一定時間自由に発想する方法で、出てきたアイデアの評価や選別は終了後に行う（注3）。

ブレインストーミングは、投網のようなものである。網を投げる場所を変えれば、獲れる魚の種類も数も違ってくる。投げかける問いが変われば、アイデアの質も量も変わる。たとえば、ブレインストーミングの設問を「雨に濡れずに行くには？」とするのと、「雨に濡れないようにする道具は？」とするのとでは、違うアイデアが出てくるにちがいない。後者の設問を用いて世界各国でブレインストーミングをしたら、どうなるだろうか。傘を差す文化の国ではビニール傘や折りたたみ傘などのアイデアが出てくるだろう。一方で傘を差さない文化の国では軒下や車などのアイデアが出てくるかもしれない。このようなバイアスを見ることで、新たな問題や課題を発見することができる。

ブレインストーミングを行うときには、①他人のアイデアに便乗して連想する、②非現実的でもよいので自由に考える、③質より量を求める、④アイデアを否定しないという四つのルールを守るのがよいとされる。他者の意見に対して開放的で、くだらない意見に寛容である状態、すなわち心理的安全性が高い環境であるほうが自由に発想することができるようになる。

発散を促す方法をもう一つ挙げるならば、観察を勧めたい。観察は、小学生の理科の実験で必ず一度は経験する情報収集の方法で、事実とその解釈を記述する。夏休みの宿題でヒマワリやアサガオの観察日記をつけたことがある人も多いと思う。花びらや葉の数や形、色や大きさ、毛が生えているかだとか、どんなにおいがするのかだとか。一つ一つ事実を書き記して観察日記をつけたであろう。観察から新たな発見を得ることは多い。ただ、小学生は日記を提出すれば、夏休みの宿題は終わりであるから、これでヒマワリやアサガオについて分かったつもりになる。しかし、観察日記からヒマワリやアサガオの何が分かったのであろうか。どれだけ細かく詳しく記述しても、分からないことは分からない。しかし、細かく詳しく記述しないと、分かるものも分からないのである。いったい何を細かく詳しく記述したら、何が分かるか、誰にも分からない。これが、発散の難しいところである。

4. 収束

新型コロナウイルスによる感染症の騒動で、「収束」という言葉をよく耳にするようになった。事態が早く収束してほしいと世界中の人たちが心から願っている。混乱していたことが収まることを収束という、発散していた考えを整理整頓してまとめることを収束思考と呼ぶ。収束は、むやみにまとめればよいわけではなく、いろいろな可能性を目的と照らして評価し、目的にあったアイデアを取捨選択していくための基準が必要である。山積みの書類を片付けるのに、机の端に書類を追いやっただけでは整理したとは言いにくい。書類を内容ごとに分類して、パンチで穴をあけて、ファイルに閉じて、本棚にしまう。そうすることで、自分の頭の中も整って、混沌としていた情報から新しい意味を見出すことができる。

(3) Osborn, A. F., Applied Imagination, Scribner, 1953.

たとえば、友人と一緒に神戸からディズニーランドへ行こうと計画を立てていて、どのように行こうか決めかねている。飛行機は快適だけど、費用が高くつく。しかし、費用が安いからといって夜行バスで行くほど体力はない。今、飛行機と夜行バスとどちらにしようか悩んで決められない状況にある。あなたならどちらにしますかと尋ねられたら、こう言うかもしれない。「できれば、新幹線で行きたいです」と。なぜ、新幹線の選択肢が出てこなかったのか。ロジックツリー（図3-5）を書いて整理してから、MECE（Mutually Exclusive Collectively Exhaustive：漏れなく重複なく）を意識して再び発散させてみるとよい。収束は、次の発散の方向性を決めてくれることがある。神戸から東京への行き方のロジックツリーは、図3-5左のようになるだろう。しかし、ただ単に漏れなく重複なく列挙すればよいというわけではない。ロジックツリーの目的を定める必要がある。たとえば、費用面から考えてみると図3-5右になるはずである。ロジックツリーを使うことで、論理の飛躍がないか、網羅的に考えられているかを確認することができる。

人が一度に理解できる範囲には限りがあるから、幅広く全体を見よ

図 3-5 目的の異なる2種類のロジックツリー

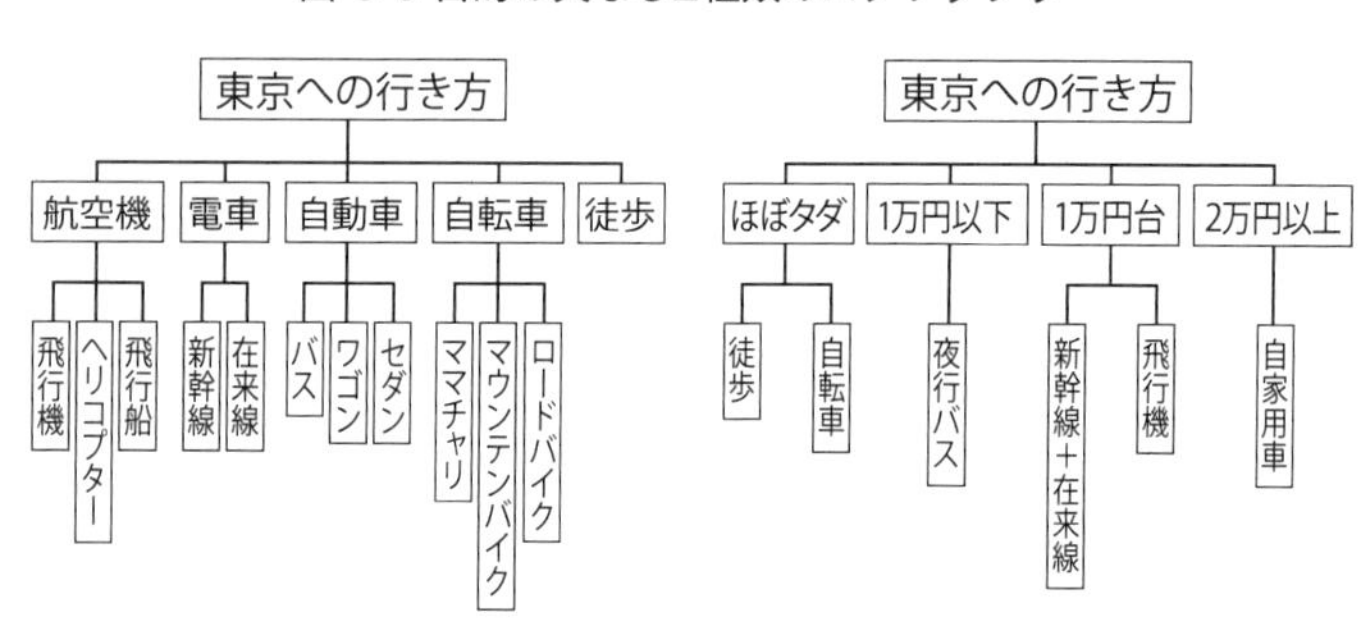

うとすると、そのまま大量の詳細な要素を扱うのは無謀である。抽象化して少ない要素にまとめていって全体を捉えることが必要となってくる。抽象化と具体化の行き来ができないと、発散させた思考を収束させることは難しい。

ここで一つ注意しておきたいことは、論理的であれば正解かというと、そうではない場合があることだ。最近仕事が忙しくてスポーツジムに行く時間が取れなくなった人が「最近ジムに行けなくて、体重が増えちゃった」とぼやいている。因果関係としては正しく、与えられている前提から論理的に結論を導き出している。しかし、仕事が忙しくなって、残業中にラーメンを食べるようになっていたら、果たしてスポーツジムに行けなくなったことが体重増加の原因だろうか。正しい結論を導き出すためには、与えられている前提に偏りがないか、多視点で物事を捉える必要がある。

解決すべき問題・課題が複雑になり、一部分だけを見ていては解決できないことが増えている。たとえば、以前は出前といえば、配達員は自分の店の料理だけを配達すれば事足りていたが、現在は配達員となる人が街を移動していて、顧客が配達員に依頼し、配達員はいろいろな店へ出向き料理を運ぶという仕組みができている。あるいは、プリンターを購入してもらうだけでなく、インクカートリッジを購入してもらうことで利益を生むようにしたり、さらには、インクカートリッジを環境負荷の低いものにして社会的課題の解決に貢献したりしている。複数の物事を組み合わせることで新たな価値を考えなくてはならなくなってきたからである。

古くからインドに伝わる「群盲象を評す」という寓話は、ある人は象の耳を触って「これは扇だ」と言い、ある人は象の足を触って「これは木だ」と言い、ある人は象の鼻を触って「これは蛇だ」と言ったというように、一部分から全体を捉えることはできないことを伝えている。耳や足や鼻が一つの生きものの中で関係をもって存在していることが分からなければ、それが象のものであることは分からない。発散させた思考を、一部だけ取り上げて一つの視点で収束させてしまうのではなく、できるだけすべての思考を多視点で収束させることが求められる。

近年、問題解決の考え方として注目されているデザイン思考は、共感にもとづく人間中心のアプローチをとる。何らかの理論や統計処理を使うのではなく、個人に着目して、その人の気持ちに共感することから始める。たとえば、「好きな食べ物」を列挙した情報の集合があるとする。そのバラバラな情報を親和図法（互いの何らかの親和性によってグループに分けて整理する方法）を使って整理してみよう。誰が分けても同じようになる客観的なグループ分けをすると、たとえば図3-6左のようになる。一方で、主観的な共感にもとづく図3-6右のようなグループ分けをすることもできる。左側の客観的な親和図とは明らかに違うことに気づくだろう。

図 3-6 客観的な親和図と主観的な親和図

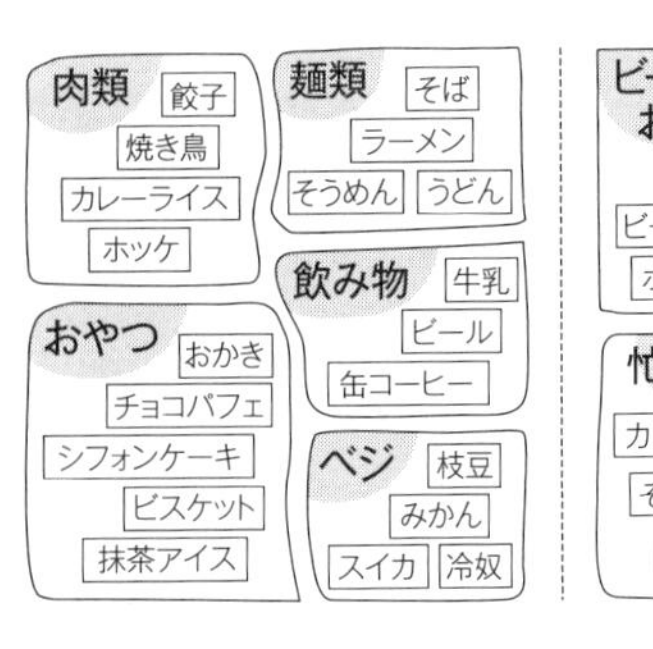

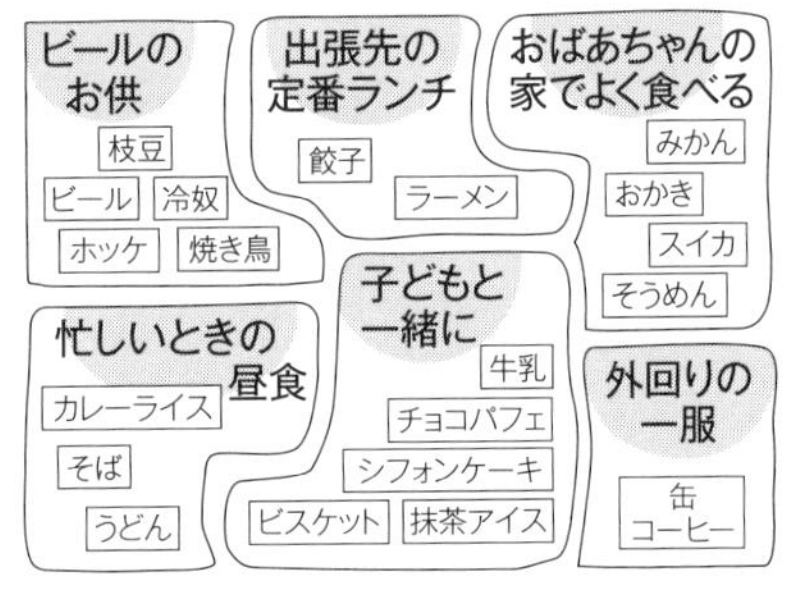

共感にもとづいて思考を収束させると、その収束が「正しい」のか「正しくない」のか、分からなくなる。考えてもどの選択肢が正しいかが分からない場合は、とりあえず選んで実行してみる。デザイン思考では、プロトタイプとテストによってその選択肢が「正しい」か否かを確かめる。プロトタイプすることは、抽象的なアイデアをより具体化する過程で、共感にもとづいて出したアイデアを他者と共有できるようにすることである。正しい答えであるかが分からない状況にあるアイデアを、見える・聞こえる・触れる、すなわち感じることのできる状態にする。すばやくプロトタイプすることで、失敗は小さくできる。失敗というよりも、そもそも失敗として扱うのではなく、学びとして多くの情報を得ようとする姿勢がプロトタイプを成功させる秘訣である。そして、プロトタイプして制作された人工物を実際に使用することで、設定した課題が解決されているかをテストする。テストで確認できることは、自分では正しいと思っている答えの検証（Verification）と妥当性確認（Validation）である。前者は、設計通りにできているか（Do the things right）を確認するもので、後者は、ユーザーの課題解決に役立っているのか（Do the right thing）を確認するものである。たとえば、前者は、スイッチが正しく作動して電灯のオン・オフができるかどうかを確認することであり、後者は、電灯のオン・オフをするのにスイッチでよいのかどうかを確認することで、それはその価値の妥当性を評価することである。

5. 待つ

休憩中や散歩中、目覚めや寝入りかけたとき、お風呂やトイレに入っているとき、車を運転しているとき。ひらめきは、時と場所を選ばずに突然やってくる。仕事から離れて余暇に空を眺めながら一息ついているような、ノートの本文と横にある余白の間を行き来しながら見ているような、そんな感覚であろうか。中国・北宋の政治家であり文学者でもある欧陽脩は、「馬に乗っているとき（馬上）、布団に入っているとき（枕上）、トイレに入っているとき（厠上）にアイデアが生まれる」というから、ひらめく環境は昔からあまり変わっていないのかもしれない。

いったん課題を放り出して、ひらめきの訪れを待つ。それはまるで、陶工がこねた土の上に釉薬を塗り、窯にそれを入れた後は焼きあがるまで待つことに似ている(注4)。発散・収束思考を繰り返した後、しばらく寝かせてみる。このような時間を、イギリスの心理学者であるグラハム・ワラスは、創造的思考における「準備期（創造活動への欲求につながるために必要な情報収集する期間）」と「ひらめき期（何かの拍子に突然新しいアイデアやイメージが浮かんでくる期間）」の間にある「あたため期（自分の意志で良いアイデアを出すというよりも、考えが熟して自然に出てくるのを待つ期間）」と呼んだ(注5)。アイデアが一夜漬けで出てくることもあれば、何十年も経てはじめて形を現すこともある。努力して課題に取り組み続けるよりも、果報は寝て待て。私たちの脳は、寝ている間にも記憶や感情の整理をして、情報の固定や消去をしている。私たちの脳は、私たちが考えている以上に思考している。

待っている間に問題や課題について忘れてしまうこともある。情報のつながりが失われ、いくつかの情報は抜け落ちて、そして、余白が生まれる。新しい情報や考えが入り込む余地ができる。街をぶらぶらしていて、たまたま入ったお店で今まで欲しくて探していたジャケットを見つけたとしよう。買おうかと思ったのだけれども、すでに家のクローゼットにはぎっしりと洋服が並んでいる。しかし、すごく気に入ってしまったので、どうしても手に入れたい。さて、どうするか？　新しいアイデアも同じことがいえる。きらりと光るおもしろいアイデアが今にも生まれそうである。しかし、すでに頭の中は知識と情報でいっぱいで、新しいアイデアが入る空間は微塵もない。これでは、おもしろいアイデアだったとしても、どこかへ消えてなくなってしまいそうである。「ときめく片付け」だとか「断捨離」だとか、モノを買ったら捨てるという発想は、創造的に思考するときにも必要なのかもしれない。

情報のつながりがなくなり、点と点になったとき、新たな脈絡が生まれてくる。「退屈に耐えられないのは小人物であり、そうした人たちにおいては、あらゆる生命の衝動が衰える」と言ったのはバートランド・ラッセルである(注6)。退屈は悪しきもので、常に何かをしていなければいけないという強迫観念にとらわれてスマホの画面を凝視している人が多くなったが、何もすることのない余白が創造性を高めることもある(注7)。人はぼんやりとしているときに、脈絡もなくさまざまなことに思いを巡らして、さまよ

(4)鷲田清一『「待つ」ということ』角川学芸出版、二〇〇六年。
(5)Wallas, G. The Art of Thought. Solis Press. 1926.
(6)バートランド・ラッセル『ラッセル 幸福論』岩波書店、一九九一年。

っている状態になることがある。マインドワンダリングと呼ばれる脳の活動の一つで、点と点をつなぐ働きを担っていると考えられている。スティーブ・ジョブズは、スタンフォード大学でのスピーチにて、点と点をつなげる話をしている。「将来をあらかじめ見据えて、点と点をつなぐことなどできない。できるのは、後からつなぐことだけだ」と語っている（注8）。私たちの思考の中でできることも同じである。それまでの知識、経験、感情、ありとあらゆる私たちの脳に蓄積した情報しかつなぐことはできない。そして、すでにつながっているものは、いったんそのつながりを外しておけばよい。

6．心持ち

発散と収束、そして、待っている間の心持ちによって、それらの結果はまったく違ったものになる。発散思考の手法であるブレインストーミングをするときに、開放性と寛容性が必要とされることはすでに述べたとおりである。しかし、新しいものを受け入れることは、難しいことである。人は得体の知れないものに怯える。新型コロナウイルスも得体の知れない新しいウイルスで、感染したらどうなるのかが分からず、感染を防ぐ方法も分からず、未知の部分が多いため人は不安と恐怖を感じる。イギリスの心理学者であるフレデリック・バーレットは、創造的思考を冒険的思考と名づけている（注9）。古いことにはすでに先例もあり、その結果も分かっていて、社会からも承認されている。一方、新しいことは不確実性が高く、不安を与えるものである。

創造的思考には勇気が必要で、不安を乗り越えてフロンティアへ進出しなくては、革新的な解決策を導くことはできない。しかし、新しいものに不安を感じずに許容しろといわれて、簡単に寛容な心持ちになれるのであれば苦労はしない。もしも、見たことも聞いたこともない食べ物が目の前に出されたら、あなたはすぐに口にするだろうか。まずは、箸で少しつついてみるだろう。柔らかいのか、硬いのか。裏側はどんな色なのか。そして、臭いをかいでみる。ちょっと隣の人の様子もうかがってみる。隣の人が食べたら、食べてみようかという気持ちになってくる。恐る恐る得体の知れないその食べ物の端を前歯でかじってみる。少ししか口に入らなかったので、味はよく分からないが、何となく食べられそう。そしてついに、あなたはその食べ物を口の中にゆっくり入れて咀嚼する。一気に新しいものを口に入れる必要はない。その食べ物を観察して、ゆっくり徐々に情報を分析しながら、段階的に試してみればよいのである。

デザイン思考を提唱した一人であるデイビッド・ケリーは、自己効力感が創造性をよみがえらせることのできるマインドセットの一つだと考えている（注10）。自己効力感とは、心理学者アルバート・バンデューラが提唱した概念で、人がある行動を遂行するときに、「私はできる」と自分の可能性を認識している

（7）Park, G., Lim, B., Oh, H. Why Being Bored Might Not Be a Bad Thing after All. Academy of Management Discoveries, 5(1), 78-92, 2019.

（8）Jobs, S. Stanford Commencement Speech 2005. https://youtu.be/D1R-jKKp3NA（二〇二〇年十月一九日閲覧）

（9）Bartlett, F., Thinking, Allen & Unwin, 1965.

（10）Kelley, D., How to Create Your Creative Confidence, https://www.ted.com/talks/david_kelley_how_to_build_your_creative_confidence/up-next?language=en（二〇二〇年九月二三日閲覧）

ことをいい（注11）、自己効力感が強いほどその行動は実行できる。ケリーは、少しずつ誘導しながらこの自己効力感を習得させられると述べている。自分には創造性のかけらもないと思っている人も、少しずつ少しずつ新しいことに挑戦していくと、最終的に新しい価値を生み出すことに喜びを感じて、楽しくなっていくのである。新しい食べ物を目の前にしたときと同じで、一足飛びに挑戦する必要はない。それには、メンターやファシリテーターが重要な役割を担うことになるであろう。

問題・課題・解決策の過程を、発散・収束しながら、時には待ちながらイタレーションをしていると、自分がどこにいるのか、どちらを向いているのか分からなくなる。ゴールにいつ到着できるのか、そもそもゴールなどあるのか不安になってくると、途中で逃げ出したくなる。しかし、自分が向いている方向が間違っていても何とかなるだろう、いつかゴールは見えてくるだろう、そもそもゴールがないならゴールをつくってしまえ。物事の先行きを良いほうに考えてあまり心配せず、気楽に考える心持ちが新しい価値を生み出す推進力となるはずである。海外旅行中においしそうなご当地グルメにありつくために、地図を見ながらお目当てのお店を探していたが、一時間探してもたどりつけず、挙句の果てに一緒にいた友達ともはぐれて、辺りも暗くなってきた。けれども、ケセラセラ。あともう少し探したら見つかるかもしれないと思えれば、あなたはかなりの楽観主義者である。トーマス・エジソンは、「私は失敗したことがない。ただ、一万通りのうまくいかない方法を見つけたのだ」と言ったそうだ。これも、一万回の挑戦を悲観的に捉えるのではなく、肯定的に楽観的に捉えているから出てくる言葉である。

7．おわりに

相手の立場となって問題を捉えて、真の課題を見つけ、それに対する解決策を生み出す行動の動機付けとなるのは、価値創造を試みる私たちの相手への共感である。そして、その共感にもとづいて設定した問題・課題は、イタレーションをする間に立ち戻る基点であることをしっかり認識することが大切である。相手の期待に応えたいという信念と、期待に応えられるという自己効力感が、ゴールの見えない新たな価値創造の思考の旅を支えてくれるはずである。そして、価値創造の能力は誰でも訓練すれば習得できる。それは、生まれ持った素質でも、天才と呼ばれる人たちだけが獲得できるものでもない。論理的に考えることも、創造的に考えることも、トーマス・エジソンやスティーブ・ジョブズのような特別な人だけができる高尚なものではなく、日々鍛錬すれば誰でもできるようになる。期待や満足を想像し、問題・課題を見つけることができるようになる。人間は価値を創造する輩であるのだから。

(11) Bandura. A., Self-efficacy: The Exercise of Control. W.H. Freeman, 1997.

第2部

価値創造の理解

第4章 描く——期待を見通す想像力

玉置 久・菊池 誠

1．はじめに

私たちの個人の生活や、企業や政府、地方自治体などの組織や集団が取り組む課題の背後には必ず期待がある。たとえば、「単位を取得して大学を卒業する」という大学生に与えられた課題の背後には、「社会にとって有為な人材に育つ」という、大学生が抱く、または大学生に対して親や教員、社会が抱いている期待がある。また、「収益を上げる」という企業に与えられた課題の背後には、「豊かな社会の実現に貢献する」という、企業が抱く、または企業に対して社会が抱いている期待がある。

多くの場合で課題と期待は一致しておらず、課題が解決されても期待が満たされるとは限らない。大学は卒業できても、その場限りの試験対策で単位を取得していただけならば実力は身に付かず、社会に有為な人材にはなれない。大きな収益をあげていても、それが人件費を削り、下請けに無理な値下げを強いて実現されたものや、地域社会の秩序や自然環境を破壊し、利益を独占することで達成されたものであれば、豊かな社会の実現へ貢献するどころか、むしろ社会や環境から搾取することにしかならない。課題の解決を価値の創造につなげるためには課題を適切に設定し、適当な方法で解決しなければならない。そして、そのためには期待を十分に理解する必要がある。

しかし一般に、期待は曖昧で主観的であり、客観的な記述が難しい。期待は共感し、思い描くしかない。期待の理解には想像力が必要である。

ただし、期待は客観的な記述が難しいと主張して終わりにするのではなく、違った視点から期待を捉え直すと、期待と課題の違った側面が見えてくる。

大学生についても企業についても、多くの場合で、期待は社会の中で果たすべき役割である。大学生と社会、企業と社会の関係は部分と全体の関係である。そして、部分と全体の関係もまた主観と客観の関係の一つであると見ることができる。したがって、期待や課題について考える場合には、期待と課題、部分と全体という二種類の主観と客観の関係を同時に考えることになる。期待を語ることの難しさは、主観の曖昧さだけにあるではなく、このような主観と客観の二重構造の複雑さにもある。

また、期待と課題の記述しやすさの違いは程度問題でしかないとも考えられる。社会にとって有為であるとか、豊かな社会の実現といった表現が曖昧なのは、短すぎる言葉で何かを暗示しようとするからである。もう少し具体的に書こうと思えば書けないことはないし、期待を具体的に書き直していけば、課題と期待の違いは小さくなる。それならば、期待と課題の記述の容易さの違いは、程度問題でしかないとも考えられる。程度問題でしかなければ直接比較できる。そして直接比較すると、期待と課題の違いは、想像力だけでなく、創造力にも関わっていることが見えてくるであろう。

たしかに、期待は曖昧で主観的であり、客観的な記述が難しい。しかし、期待について考えることの難しさは、その一点のみにあるわけではない。ほかにもいろいろ難しい点はあり、その中にはきちんと考えれば対処できるものもある。解決できない難しい部分があるからといって、問題の全体をそのまま放置して構わないわけではない。

考え方を制限すれば発想は乏しくなる。しかし、ただ漠然と思考を漂わせていても、誰でも思いつきそうなことしか思い浮かばない。自由であることと放置することは違う。記述できることを徹底的に書き下し、理解できることを徹底的に考え抜いたあとで、それでも手が付けられない部分が残ったとき、その残された部分に真摯に対峙することで、思考の想像力と創造力は覚醒する。見える部分をしっかり見切ることが、見えていない部分を見通す想像力の、そして、新しいものを生み出す創造力の源になる。このことは具体的な期待について考えるときだけでなく、一般に期待とは何かと問うときにもいえる。

この章では、期待と課題に関わる主観と客観の二重構造と、期待と課題の相違点という二つの話題について考えてみたい。

2. 共創と協力

組織は抽象的な存在である。企業や政府、大学などの組織は規模が大きくなりすぎると分割される。迅速な意思決定と状況の変化への対応を求めて大企業が事業を分社化する例は珍しくない。逆に、組織は融合される。ある企業は他の企業を吸収合併するし、二つの省は合併して一つになる。組織は分割され、融合される。ただし、組織が変化しても、土地や社屋、構成員といった物理的な存在物としての組織の構成要素に変化はない。構成要素には変化がないのに、全体としての組織は変化する。組織は抽象的な存在である。

個人が集まって組織を作る。組織が機能するのは、組織に所属する個人が現実の世界で活動するからである。組織の機能は個人の活動の総体であるが、人間の具体的な活動は、その個人の主観的な判断のもとで実行される。その意味で人間の活動は主観的である。その個人の活動を定め、個人の活動の結果をほかの個人の活動の結果と結びつけるのは組織であるが、組織そのものには意思はない。また、組織のあり方は客観的な解釈が可能な定款などの制度が定める。組織の働きは基本的に観察と理解が可能な客観的なものである。

人間と組織の関係は、部分と全体の関係である。それは具体と抽象の関係であり、序章で論じた広い意味での〈主観〉と〈客観〉の関係である。このことは明確な目的はもっていない人間の集団や、伝統や文化、習慣を共有する家族や民族、国家といった共同体についても同様である。個人と集団・共同体もまた部分と全体の

図 4-1 個人と組織

集団·組織·共同体	(全体·抽象·客観)
│	
個人	(部分·具体·主観)

関係であり、具体と抽象の関係であって、（主観）と（客観）の関係である（図4-1）。

さて、集団・組織・共同体は複数の個人から構成され、個人は複数の集団・組織・共同体に所属する。一般に個人と集団・組織・共同体の関係は、複数の（主観）と複数の（客観）が織りなす複雑な関係である。そのような（主観）と（客観）の関係の中で基本となるのが、（多対一）および（一対多）という関係である。

たとえば「分業」は図4-2で描かれる（多対一）という関係で表される。これは、大工と電気屋、水道屋が一緒になって家を建てるようなもので、能力も考え方も異なる（主観1）から（主観3）が、（客観）に置かれる共通の課題に取り組むものである。「分業」によって個人の能力を超えた課題に取り組めるようになる。この「分業」が成功するかどうかは（客観）を通して複数の（主観）が効率的な相互作用を起こせるどうかによる。そのため、（多対一）の関係を築くためには全体を見渡す思考が大事である。

それに対して図4-3で描かれる（一対多）という関係は、一つの（主観）が複数の独立した課題に取り組む状況である。たとえば「ある企業の技術者が、夕方は社会人大学院生として哲学を学んでいて、休日は草野球の選手として活躍す

図 4-3 主観と客観:異分野融合(一対他)　　図 4-2 主観と客観:分業(多対一)

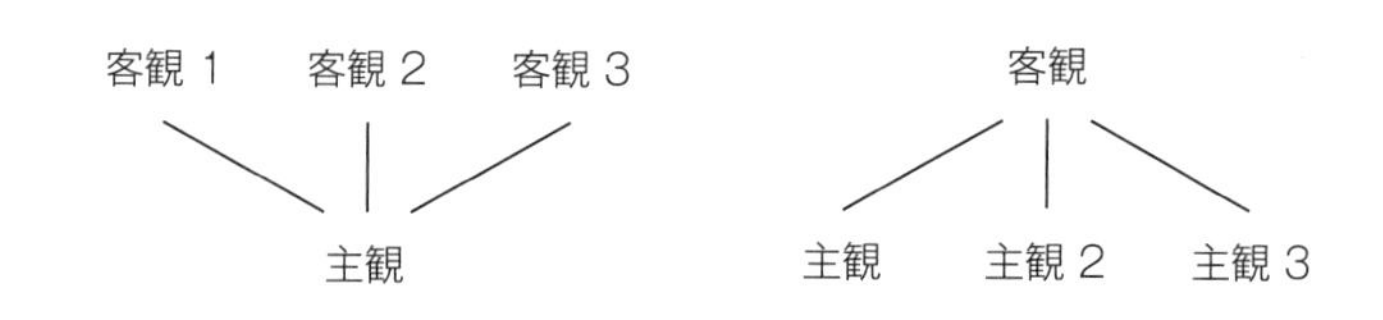

る」といった状況がこれに相当する。この（一対多）の関係が成立したときに「趣味の野球と、大学で学んだ哲学が、技術者としての仕事に活きる」といった「異分野融合」の可能性が生まれる。

しかし、「異分野融合」を目指すとしても、図4-3のように一人で三つの分野を担うことは荷が重い。どれだけ熱心に取り組んでも、やはり企業の技術者がもっている野球や哲学の知識や能力は専門家には劣る。また、「異分野融合」は複数の（客観）がつながればよく、一人の（主観）が複数の（客観）をつなぐ必要はない。そこで「異分野融合」を目指して、それぞれの分野の専門家を招くことになるが、単純に三つの分野の専門家を一つの場所に集めても、図4-4になってしまえば断絶し衝突するばかりで「異分野融合」は起きない。

たとえば、「新しい学問領域を開拓する」という高い志のもとに、工学、理学、哲学の専門家が集まっても、それぞれ異分野の習慣や問題意識を理解する気がなく、いつまでも自分の話ばかりしていれば、「いい加減な話ばかりする」「つまらない話しかしない」と互いに非難し合うばかりで、一向に話は進まず、何も生み出されない。

複数の分野の専門家による「異分野融合」が起きるためには、お互いの分野の価値観や基本的な枠組みを共有する必要がある。それが上手くいった場合は、複

図 4-4 主観と客観:断絶と衝突(多対多)

図 4-5 主観と客観:共創(多対多)

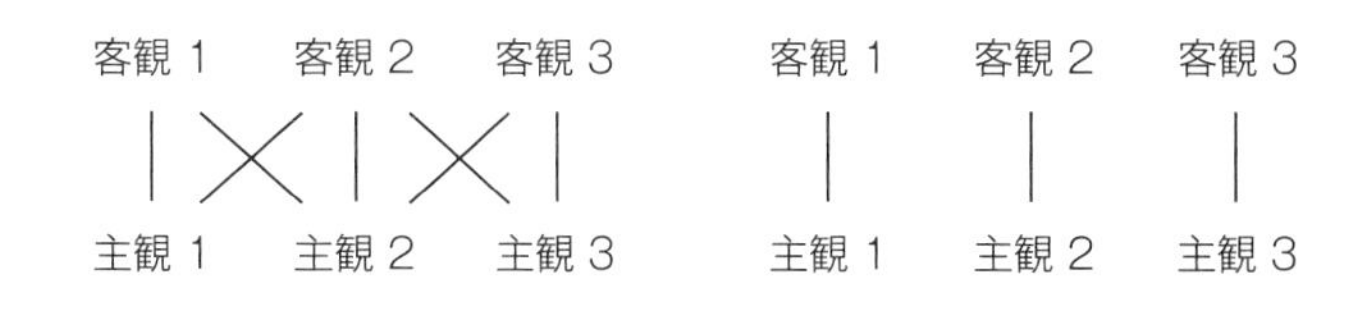

数の（主観）と複数の（客観）は、張り巡らされたネットワークのような（多対多）の関係になる（図4-5）。

このように複数の（主観）が（客観）を通してつながる現象が「共創」である。先に「分業」と呼んだ（多対一）の関係も「共創」である。「共創」は「分業」の一般化である。

たとえば、ある企業の社員自身が自社の製品やサービスの顧客であり、顧客の視点で製品やサービスを改良できる場合がある。これは「異分野融合」の一種である（図4-6）。しかし、「共創」ではない。

顧客による製品やサービスの使用という経験を社員が共有することで、社員と顧客のそれぞれが、製品やサービスに新しい価値を見出すことがある。逆に、製品やサービスの企画立案や製造という経験を顧客が共有することで、やはり社員と顧客のそれぞれが、製品やサービスに新しい価値を見出すことがある。このように、顧客と社員が経験を共有することで製品やサービスに新しい価値を生み出す現象が「共創」である（図4-7）。

顧客と顧客の間、メーカーと下請けの間でも「共創」は生じる。顧客がユーザーズ・グループを作り、製品について情報を交換し経験を共有することで、その製品に新たな価値を見出す。メーカーの社員が下請けに出向いて部品の製造現場

図 4-7 顧客と社員:共創

図 4-6 社員=顧客

に立ち会ったり、下請けの社員がメーカーで製品の企画立案に参加したりすることで、メーカーと下請けの社員が経験を共有して部品や製品に新たな価値を見出す。これらは「共創」である（図4-8）。

ただし「共創」は、企業と社員が何らかの関係をもてば自然に生じるものではない。たとえば、企業の外部に設けたコールセンターに寄せられた苦情に社員が離れた場所から解決方法を指示することや、顧客のアンケート結果を社員があとで確認することは、顧客と社員の関係を作りはするが、顧客と社員は経験を共有せず、「共創」は起きない。しかし、顧客と社員が直接会って話をすれば、顧客と社員は経験を共有し、「共創」が生じる（図4-9）。

「共創」とは（客観）を通して複数の（主観）がつながる現象である。図4-2で表した「分業」はもっとも単純な「共創」の形態である。ただし、（客観）を共有することがなく、複数の（主観）が完全に切り離された場合は「共創」にはならない。図4-4の断絶と衝突はこの状態であり、これは、いわゆる縦割りの官僚制に陥った組織である。

さて、組織の能力を高める方法に、組織の内部での協力と競争がある。組織にとって協力と競争のいずれが望ましいのかは、組織が共創によって成り立っているかどうかによる。共創によって成り立っている場合、組織の構成要素である

図 4-9 顧客と社員:対話

図 4-8 顧客と社員:複数の共創

（主観）の間に相互作用が生じている。その（主観）の間に競争を導入すると、相互作用は負の方向に作用する。足の引っ張り合いである。組織が共創によって成り立っている場合、余程注意深く競争を設計しなければ、競争で組織の能力を高めることはできない。

ただし、協力は難しい。協力とは効果的に共創を生み出すことであるが、その共創が分からない。したがって、何をしたら協力になるのかもよく分からない。それに対して、競争は容易である。これが安易に競争が選ばれてしまうことの理由であろう。

縦割りの官僚制のように組織が完全に分割されていて、組織の構成要素である（主観）が（客観）を共有していない場合は、競争は組織の能力を高める有効な手段である。そもそも（主観）が独立している以上、協力は望むべくもない（図4-10）。

協力はしばしば馴れ合いになり堕落する。しかしそれは協力それ自身の問題ではない。問題の所在を見誤ると、官僚制を否定しつつ、官僚制のもとでしか機能しない方法を選ぶという矛盾した選択をして、組織を破壊することになる。

図 4-10 協力と競争

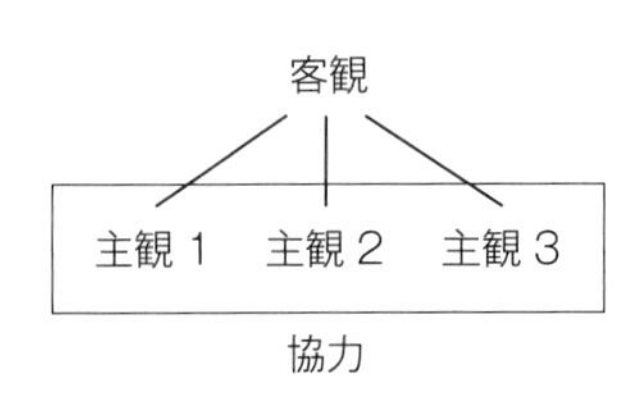

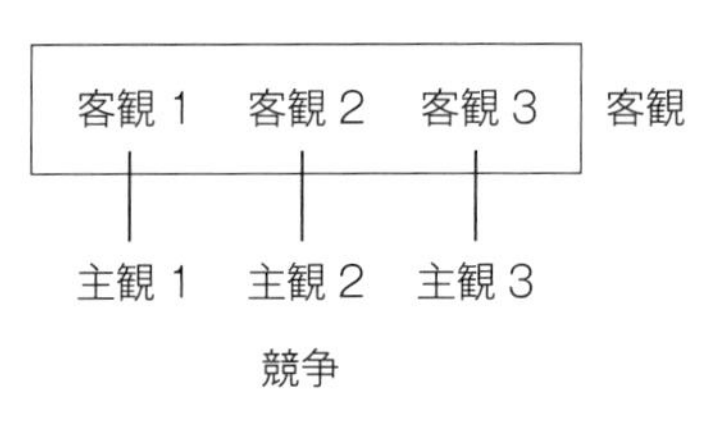

3. 期待と機能

さて、大学生に対する期待「社会にとって有為な人材に育つ」と課題「単位を取得して大学を卒業する」について考える。この期待と課題で話題になっているのは大学生と社会である。この二つの関係もまた個人と集団・組織・共同体の関係であり、（主観）と（客観）の関係である（図4-11）。

序章では、期待と課題は（主観）と（客観）に対応すると紹介した。ただし、大学生に対する期待と課題は、図4-11における（主観）と（客観）とは対応しない。大学生に対する期待と課題、大学生と社会という二種類の（主観）と（客観）は区別する必要がある。

ある人が社会にとって有為であるかどうかは、その人が社会の中に置かれて初めて確認できることであり、その人だけを見ているだけでは判断できない。大学生に対する期待は、社会（客観）と関係している。一方、単位を取得したか、大学を卒業したかは大学生本人を見るだけで確かめられる。大学生に対する課題は、大学生（主観）で閉じた話である。

企業に対する期待「豊かな社会の実現に貢献する」と課題「収益を上げる」についても同じことがいえる。企業の期待は社会との関係の中で論じられるもので

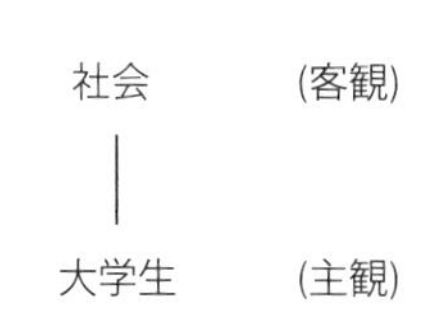

図 4-11 大学生と社会

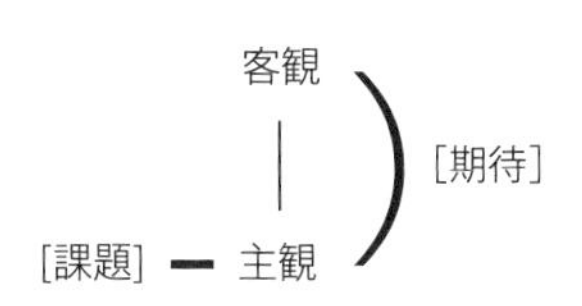

図 4-12 期待と課題

あり、期待が満たされたかどうかは社会と無関係には判断できない。一方、企業が課題を達成しているかどうかは、その企業を観察するだけで確認できる、企業で閉じた話である（図4-12）。

期待と課題は〈主観〉の外部にある〈客観〉との関係で区別できる。そもそも期待とは〈客観〉で果たすべき〈主観〉の役割のことであり、課題とは〈主観〉のみで達成が確認できるものであると定義することもできよう。

さて、企業や社会は、「人間が創り出したもの」という意味で人工物の一種である。自動車やコンピュータのような工業製品もまた人工物であり、工業製品も数多くの部品からなっている。たとえば、自動車はエンジンや車体、タイヤなどから成り、コンピュータはCPU（中央演算装置）やメモリ（記憶媒体）、ディスプレイなどからなる。人体は心臓や脳、肺などからなるように、生物も多くの部分から成っている。人工物や生物は社会と同じように多数の構成要素から成り立っている（図4-13）。

こうしたエンジンと自動車などの関係は、企業と社会の関係と同様に部分と全体の関係であり、〈主観〉と〈客観〉の関係である。

ここで、エンジンやCPU、心臓のような部分が自動車やコンピュータ、人体のような全体において果たす役割は一般に「機能」と呼ばれている。たとえば、

図 4-13 部分と全体

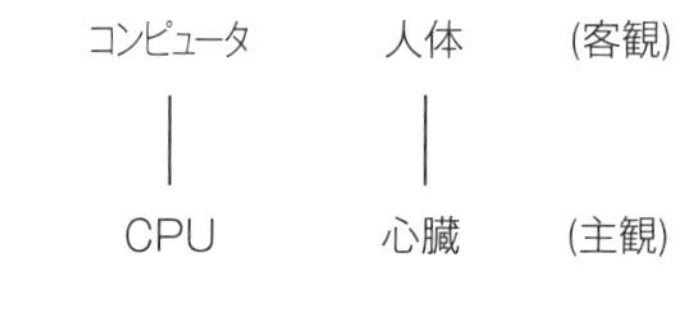

「エンジンの機能」は「自動車に動力を与えること」であり、「CPUの機能」は「演算すること」である。また、「心臓の機能」は「体内の血液を循環させること」である。

それに対して、これら対象自身の性質や特徴は一般に「属性」と呼ばれている。たとえば、「エンジンの属性」は「280馬力、トルク40キログラム、直列6気筒、2・6リットルDOHCツインターボ」など、「CPUの属性」は「64ビット16コア2・8ギガヘルツ165ワット」など、「心臓の属性」は「2心房2心室」などである。

この機能と属性の関係は、まさに期待と課題の関係にほかならない。

一般に機能は、使用者や観察者の主観が密接に関係しているので容易には説明できない。常識的に考えれば、やかんの機能は「水の温度を上昇させること」であり、その際に「湯気が出ること」は副作用でしかない。しかし、冬の寒い日に乾いた空気を湿らせるためにストーブの上にやかんを置いているときには、「湯気を出すこと」それ自身がやかんの機能である。やかんの機能が何であるのかは、やかんを何に使おうとしているのかという主観と深く関わっている。それに対して、属性は科学的な分析が可能な客観的な量や性質である。

しかし、機能と属性の違いは主観と客観の違いだけではない。機能は全体である自動車やコンピュータ、人体における部分の働きのことであり、部分が機能をもつかどうかは部分だけでは判断できない。それに対して、部分がどのような属性をもつかは、その部分のみを観察することで確かめられる。機能と属性の関係は期待と課題の関係に一致する。

生物や人工物の哲学において「属性と機能の違い」を明らかにすることは、多くの議論がある難しい問題である。この問題の難しさは「課題と期待の違い」を明らかにすることの難しさと同じものである（図4-14）。

4. 創発とシステム

個人が集まり企業となり、企業や他の組織、集団が集まって社会が作られる。先に企業と社会の関係は（主観）と（客観）の関係であると説明した。個人と企業の関係もまた［主観］と［客観］の関係であるが、ここでは、この二種類の「主観・客観」を、括弧の形で区別する。「個人、企業、社会」は三層からなる構造をなしている（図4-15）。

実際には、個人は企業だけでなく社会の直接的な構成要素でもあり、「個人、企業、社会」は単純な三層構造ではない。しかし今は話を単純にするために、「個人と企業」「企業と社会」の関係しか考えない。個人と企業の関係は「要素」と「全体」の関係である。そのとき、社会は「全体」に対する「環境」である。

個人と企業の関係においても、個人に対する期待は「企業の発展に貢献する」といった個人と企業の関係において論じられる。それに対して個人に対する課題

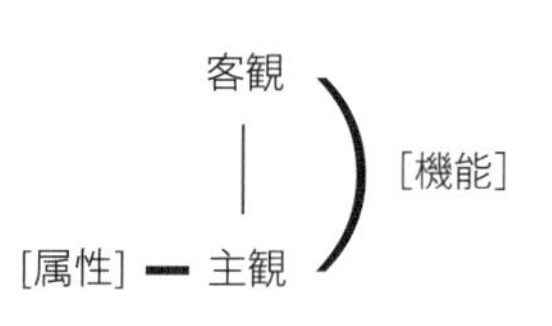

図 4-14 機能と属性

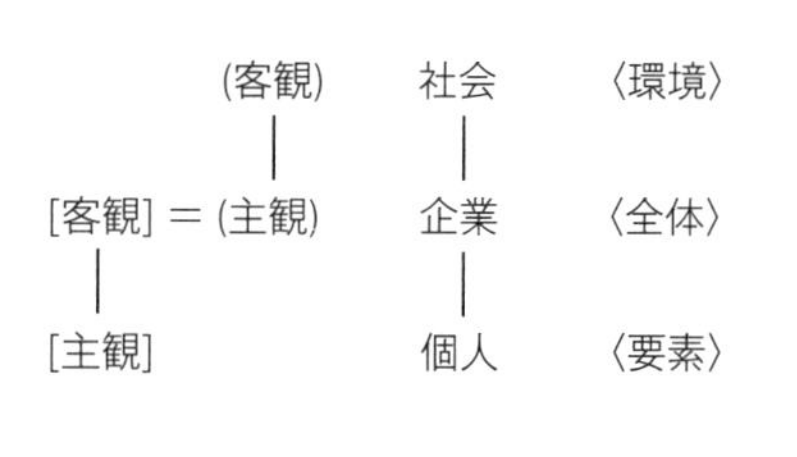

図 4-15 個人·企業·社会

は「定められたノルマを達成する」といった個人の活動のみで達成されたかどうかが確認できるものとして与えられる。そして、これまで何度も論じたように、課題が達成されたからといって期待が満たされるわけではない。

この図4-15の三層構造を考えると、企業は（主観）であると同時に（客観）であることになる。何らかの対象や組織が（主観）と（客観）のいずれに分類されるかは文脈に依存し、（主観）と（客観）の区別は相対的なものでしかない。このことからも、期待について考えることの難しさは（主観）を表現することの難しさにあるのではなく、（主観）と（客観）の関係や区別について考えることの難しさにあるのだということが見えてくる。

人工物や生物にも「個人、企業、社会」が作る三層構造と同様の三層構造がある。たとえば、シリンダやピストン、プラグが集まってエンジンになり、トランジスタや抵抗、コンデンサが集まってＣＰＵになる。細胞が集まって心臓になる。自動車やコンピュータ、人体にも企業と同じ三層構造がある（図4-16）。

人工物や生物などの多くの場合、何らかの対象の属性は、その対象の構成要素の属性の総和である。たとえば、エンジンや心臓の重さや大きさは、それらの構成要素の重さや大きさの総和でしかない。

機能は違う。自動車のエンジンの機能はエンジンを構成している部品の機能に

図 4-16 三層構造

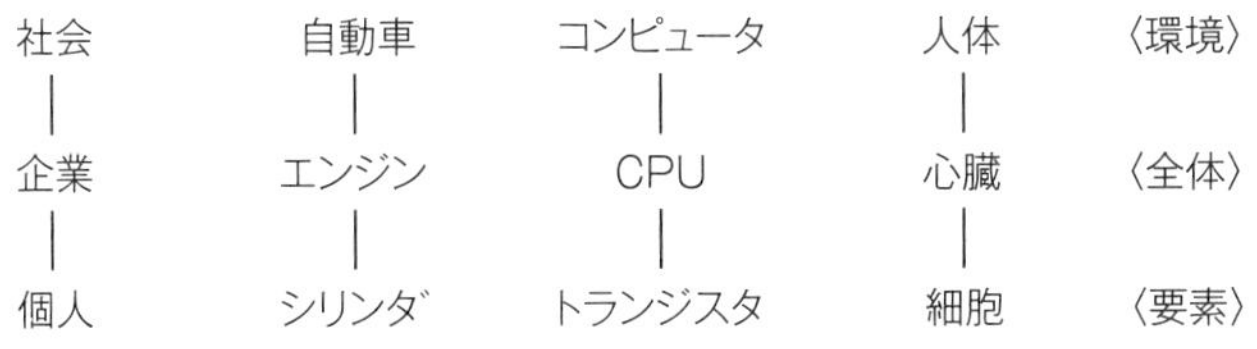

社会	自動車	コンピュータ	人体	〈環境〉
｜	｜	｜	｜	
企業	エンジン	CPU	心臓	〈全体〉
｜	｜	｜	｜	
個人	シリンダ	トランジスタ	細胞	〈要素〉

よってもたらされるが、エンジンの部品の機能はかなり単純なものばかりで、それらを単に足し合わせてもエンジンの機能にはならない。エンジンの機能とは、部品の機能の総和以上のものである。心臓の機能や企業の活動も同様である。心臓を構成している細胞の活動はかなり単純なものばかりであり、細胞の働きだけを見ていては心臓の機能は見えてこない。企業の活動は企業を構成している個人の働きで構成されているが、企業の活動は個人の働きの単なる総和ではない。

一般に「要素、全体、環境」のなす三層構造において、環境における全体の機能が、全体における要素の機能の総和以上である現象を「創発」と呼ぶ（図4-17）。

企業のような人間の社会的な活動、エンジンのような人工物の機能、心臓のような生物の器官の機能だけでなく、自然界の物理的な現象にも至るところで創発が見られる。たとえば、雲は水滴の集まりにすぎないが、雲には台風のようなものも、静かな霧雨のようなものもある。それぞれの水滴を見ている限り、それらが台風の要素であるのか、霧雨の一部であるのか区別はつかないし、単に大量に水滴を集めただけでは大きな水たまりにしかならない。台風や霧雨は数多くの水滴の集まりがもたらす創発という現象である。

ある対象がどのような機能を創発するのかは、その対象の構成要素の特徴や性

図 4-17 創発

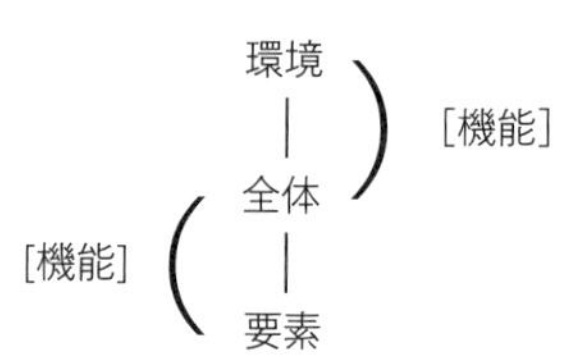

質、働きが完全に理解できたとしても、そこからは簡単には求められない。創発という現象は記述や予測が難しい。そして、創発という現象の記述や予測の難しさは人間の主観とは関係がない。要するに「何が起きるのか分からない」のが創発である。その何が起きるのか分からない創発を意図的に起こすことが、人工物の設計である。

一般に図4-17のように創発現象を起こしている部分・全体・環境という三層構造のうち、部分がなす全体、すなわち部分を考慮した全体を「システム」と呼ぶ（図4-18）。

人工物や生物、組織など、さまざまなものがシステムとして理解できる。システムの要素は全体を通してつながっていて互いに相互作用し、共創している。創発とは要素の共創によって全体の機能が引き起こされる現象である。創発はシステムに関わるもっとも興味深く、もっとも理解が難しい現象である。

要素を集めて作った全体であっても、創発現象を伴わないものはシステムとは呼ばない。また、創発現象は全体の機能に関わるものであり、全体の機能は全体と環境の関係において意味をもつために、システムを考えるときには、要素と全体の関係だけでなく、全体と環境の関係を考える必要がある。要素と環境のどちらが欠けてもシステムではない。システムを考えるときには、図4-18のような

図 4-18 システム

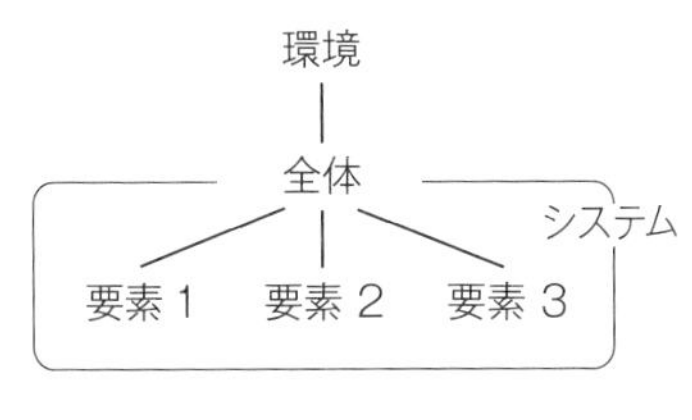

三層構造を考えることが必須である。しかし、環境が何であるのかを暗黙の了解に委ねてしまい、システムについての議論を混乱させてしまうことが多い。システムにとって何が環境であるのかは決して自明ではない。

どのような三層構造を考えるのかは自由であり、図4-18で環境とされているものをシステムとする見方もある。たとえば、エンジンをシステムと考えるときには自動車は環境であるが、自動車が用いられる社会を環境として、自動車をエンジンや車体、タイヤなどからなるシステムと考えることもできる。心臓をシステムと考えるときには人体は環境であるが、人間が生活する空間を環境として、人間を脳や心臓、肺などどからなるシステムと考えることもできる。何がどのようなシステムであるのかは見方による。

動きや働きよりも要素のつながり方に関心があるときには、システムよりは構造という言葉が用いられることが多い。システムとは動きのある構造のこと、構造とはシステムから動きを捨象したものである。全体を構造として考えるときには動きを考えないため、必ずしも環境を考慮する必要はない。構造は要素と全体だけで議論できる。

前節で課題と期待はそれぞれ属性と機能に対応することをみた。機能を実現することの難しさの中心に創発現象があるように、期待を満たすことの難しさも創発現象に原因がある。学生は大学でさまざまなことを学ぶが、社会ではその学んだことの総和以上の働きが期待される。企業では多くの構成員が行動しているが、企業の活動には構成員の行動の総和以上のものが期待される。これらは創発にほかならない。期待について考えることの難しさは、心の内面を表現することの難しさにではなく、むしろ、システムと創発現象について考えることの難しさに原因があるのかもしれない。

さて、部品や人工物には属性と機能があった。製作された部品や人工物が定められた属性をもつことを確かめることが「検証」であり、期待された機能を果たすかどうかを確かめることが「確認」または「妥当性確認」である。実際にシステムを構築し運用するときに検証と確認は重要である（図4-19）。

ある「環境」に置かれている「部品からなる人工物」というシステムについて考える。部品や人工物それ自身の特徴や性質が部品や人工物の属性であり、部品が人工物の中で果たす役割、人工物が環境の中で果たす役割が部品や人工物の機能であった。

想定されている環境において期待される機能を果たすように人工物の属性が定められる。その人工物の属性は「人工物の仕様」でもある。たとえば、自動車という環境下でエンジンという人工物が機能を果たすことを考える。「280馬力、トルク40キログラム」というのはエンジンの属性であり、「エンジンの仕様」である。その人工物において期待される機能を果たすように部品の属性が定められる。その部品の属性が「部品の仕様」である。「ボア86・0ミリメートル、ストローク73・7ミリメートル」はエンジンの部品であるシリンダの属性であり、「シリンダの仕様」である。人工物や部品の仕様を定めることで対象は設計され、

図 4-19 検証と確認

仕様を満たすように部品や人工物が製作される。

作られた部品や人工物が仕様を満たしているかどうか、つまり定められた属性を満たすかどうかを判断することが「検証」である。部品や人工物そのものを計測し分析することで検証はなされるので、検証はほかの部品や人工物とは独立に実施できる。

しかし、仕様を満たしているからといって、部品や人工物が期待された機能をもつとは限らない。エンジン単体で動かしていれば十分な力が出ているのに、自動車の中に組み込むと力が出ないことがある。エンジンが自動車の中で期待された機能を果たすためには、エンジンが与えられた仕様を満たしているだけでなく、ほかの部品の働きや環境などの状態が、いくつもの暗黙の条件を満たしている必要がある。しかし、最初から暗黙の条件をすべて明示化することはできないし、暗黙の条件がすべて満たされていても、エンジンと自動車のほかの部品が予期していなかった関係をもつこともある。部品や人工物が期待された機能をもつかどうかは、実際に動かして確認してみなければ分からない。

このように、作られた部品や人工物が期待されている機能を果たすかどうかを判断することが「確認」または「妥当性確認」である。検証とは異なり、部品や人工物だけを観察し分析するだけでは確認はできない。確認は部品や人工物をほかの部品などと組み合わせ実際に動かしたり、コンピュータを用いてシミュレーションすることで可能になる。

検証と確認の両方が必要であるのは、機能が創発という現象だからである。もしも創発という現象が十分に解明されて完全に計算できるようになれば、その部分に関わる確認は検証に置き換えられるようになる。

ある製品の部品をある企業内の同じ部署で開発する場合には、検証と確認はほぼ同時に進められる。しかし、部品の仕様を定めて社外に発注する場合は、その部品の受注した企業にできることは検証だけであり、確認は発注した企業が行わなければならない。検証は通っても確認は通らないことが多発するならば、部品の仕様を再検討する必要が生じる。しかし、部品が社外で製作される場合は仕様の修正に時間と手間がかかる。効率よく優れた製品を開発するためには、検証と確認の違いを小さくすることが重要である。

属性が課題に、機能が期待に対応しており、課題が達成されているかどうかを調べる「検証」と、期待が満たされているかどうかを確かめる「確認」も別のことである。たとえば、大学を卒業しているかどうかは「検証」され、社会にとって有為な人材であるかどうかは「確認」される。そして、効率よく期待を満たすためには、やはり検証と確認の違いを小さくすることが重要であり、そのためには課題と期待の違いを小さくする必要がある。

5. 否定と肯定

さて、前節で議論してきた創発とシステムという話題から離れて、期待と課題の関係について考えてみたい。

序章では期待と課題には根本的な違いがあると論じた。しかし、たとえば、「必要単位を取得して大学を卒業する」という学生の課題をさらに詳細に「機械工学の知識を修得する」「経営学の知識を修得する」などと記述し直し、それと同時に、「社会にとって有為な人材に育つ」という期待を「革新的エンジンを開発する」「自動車メーカーを起業する」のように具体的に書き直していけば、やがて課題と期待は同じようなものになる。課題と期待をなす条件そのものに本質的な違いはないと考えることもできる。

しかし、それでも課題と期待の区別はなくならない。課題と期待が果たすべき役割は根本的に違う。ある対象が機能を発揮するためには、その対象が仕様を満たしているだけでなく、暗黙の条件が成り立っている必要があった。同じように、「課題が期待に対応する」ためには暗黙の条件が成立している必要がある。その暗黙の条件はいつでも成立するとは限らないので、課題が達成されても期待が叶えられるとは限らない。たとえば、単位を取得して大学を卒業したからといって、評価がいい加減であったり、カリキュラムが不適切であったりすれば、大学を卒業しても「社会にとって有為な人材に育つ」とは限らない。

しかし、課題が達成されなければ、暗黙の条件が成り立とうと成り立たなかろうと、はじめから期待が叶う見込みはない。

たとえば、単位を取得できず大学を卒業できなければ、大学で学んだことによって社会にとって有為な人材に育つはずがない。もちろん、大学におけるサークル活動など、大学では授業以外でいろいろと学んでいて、それによって社会にとって有為な人材に育つことはあるかもしれない。しかしそれは別の話である。「大学を卒業する」という課題を達成することは、「大学の授業で学ぶことによって」という前提のもとで「社会にとって有為な人材に育つ」という期待を叶えるための「必要条件」である。

企業の活動についても同様である。たとえば、自動車を製造する企業が、豊かな社会の実現に貢献するために燃費の良い自動車を開発する。その自動車を開発したことによって社会に貢献するためには、その自動車を多くの人が購入して使う必要がある。誰もその自動車を購入しなければ、その企業は社会に対して何も影響を与えない。多くの人がその自動車を購入すれば、その企業は収益を上げる。企業にとって「収益を上げる」という課題は、「燃費の良い自動車の普及によって」という前提条件のもとで「豊かな社会の実現に貢献する」という期待を叶えるための「必要条件」である。

一般に課題が達成されることは、何らかの前提条件のもとで、期待を実現するために不可欠な「必要条件」である。課題は、これができなければ話にならないと判断するために、つまり「否定」するために設けられるものである。

必要条件は満たされて当然の条件なので、課題を達成することに失敗したときには罰が与えられる。学生は単位を取得できなければ留年し、大学を卒業できなければ希望の企業に就職することが難しくなる。企業は収益を上げられなければ社員や経営者が解雇され、それでも状況が改善できなければ倒産する。逆に、課題が達成された場合には、給与が上がるなどの報酬が与えられる。課題には罰則と報酬が伴う。企業が課題を解決することは、企業が本書の第2章で紹介された「有限責任」を果たすことである。

それに対して期待は、どのような方法であれ、叶えられればほかには何も必要ない。社会に有為な人材に育つことができれば、大学を卒業しなくても構わないし、講義内容を十分に身につけていれば単位など取得できなくてよい。ある企業が開発した技術が世界を変える影響力をもつ優れたものであれば、その企業が経営に失敗して倒産しても、「豊かな社会を実現する」ことに偉大な貢献をしたことになる。期待が満たされることは「十分条件」である。期待はそれでよいと「肯定」するための条件である。

期待を満たすことにまったく無関心であれば信用を失うが、期待は叶えられなくても基本的に罰は与えられない。企業が期待を満たすことは、企業が本書の第2章で紹介された「無限責任」を果たすことである。

否定のための必要条件である課題と、肯定のための十分条件である期待は、同種の主張であっても果たすべき役割は本質的に違う。期待から課題を導くことは、心構えにしかならない「肯定するための条件」を、報酬と罰則を伴う「否定するための条件」に書き換えることである。

このような課題と期待の役割の違いは、課題の検証と期待の確認に必要とされる「時間の長さ」の違いとして現れる。

否定のために用いられる時間は短い。学生は試験の成績が悪ければ即座に単位を失う。卒業要件を満たさなければ議論を待たずに卒業できないことが決定される。もちろん、追試験などの救済措置が設けられ、判断が猶予されることはある。しかし、基本的に否定するための判断は一瞬で終わる。企業についても同様である。収益を上げられず不渡りを出してしまえば、その瞬間に倒産する。もちろん、追加で融資を受けることができれば、その判断は先送りされ猶予が与えられる。しかし、その猶予には期限があり、期限内に状況を改善できなければ結論は変わらない。

一方、肯定するために必要な時間は長い。大学では成績優秀であった学生が社会に出てからは大した仕事をせず、大学では落ちこぼれであった学生が世界に大きな影響を与える優れた仕事をすることは珍しくない。社会にとって有為な人材に育ったかどうかは、五年後、十年後になってみなければ分からない。ある企業の製品が爆発的に売れて「世界を変えた」ともてはやされても、あとからみれば一瞬の流行でしかないかもしれない。それに対して、最初は世間に理解されなかったものが根気強く製造販売を続けているうちに徐々に社会に浸透し、気付いたときには我々の生活に欠かすことができないものになっていることもある。企業の活動が豊かな社会の実現に貢献しているかどうかは、ある瞬間の企業の状況からは判断できず、数年単位、数十年単位の長い目で見なければ分からない。

短い時間のうちに判断されてしまう課題と、長い時間を用いて判断する必要がある期待の「時間の差異」が、課題と期待の関係を難しいものにする。

ある学生が試験の出来が悪く単位を落とし、単位が不足して卒業できなかったとする。それでも、その学生が何らかの方法で生き延びることができればよい。しかし、大学を卒業できなかったことで本人が希望を失うこともあろうし、本人が希望を持ち続けていても、周囲の環境がその学生が学び続けることを許容しないこともある。企業についても同じことがいえる。課題が解決できない困難な状況に陥ったときに、期待を実現するための時間をつくることは、いつでもとても難しい。

期待が満たされたかどうかの確認に時間がかかるのは、期待は「現実の世界の中で実現されるもの」だからである。それに対して課題の検証に時間がかからないのは、課題は「抽象的な概念化されたもの」であり、そもそも課題の中には時間の要素がないからである。社会で有為な人材であること、豊かな社会の実現に貢献することは現実の世界の中で、「時間の流れ」とともに起きることである。それに対して、単位を取得したか、卒業したか、収益を上げたかはすべて「時間の流れ」とは無関係な記録された事実である。

期待を課題に書き換えることは、「時間の流れ」とともにある現実の世界の出来事を、抽象化し概念化して、「時間の流れ」を消し去ることである。

言葉によって理解することは抽象化し、概念化して理解することである。期待を理解することは抽象化される前の、概念化されていない現実を理解することにほかならない。この意味では「課題と期待の違い」は「概念と現実の違い」である。そして、「現実の理解」にこそ想像力が不可欠である。

6. 無駄と創造性

前節に引き続いて、期待と課題を役割が異なるが同種の条件の集合として考える。課題は否定のための最小限の基本的な条件である。そして、課題にいろいろな要素が付け加わって期待になる。たとえば、「大学を卒業する」という課題をなす基本的な条件を「機械工学の知識を修得する」「経営学の知識を修得する」といった条件に詳細化し、その課題に「革新的なエンジンを開発する」「自動車メーカーを起業する」といった条件を追加していくことで期待が構成される。課題は期待の核心的部分であり、どうしても守らなければならない最小限の基本的な条件である（図4-20）。

課題が基本的な条件であるのなら、課題はなるべく変化させない方がよい。たとえば、大学生の卒業要件が在学中に変わってしまうと、取得した単位が無駄になり、単位が不足して卒業できなくなるかもしれない。エンジンを設計する場合にも、仕様が途中で変更されてしまうと、すべてを最初から作り直さなければならなくなるかもしれない。無用な混乱を引き起こさないためには、課題は変化させるべきではない。

もちろん、期待は常に変化するし、具体的な問題が生じれば課題を早急に改訂する必要がある。時代が変われば学生が何を学ぶべきかは変わり、卒業要件を書き換える必要が生じる。二酸化炭素排出に関する規制が強化されれば、大排気量で大馬力のエンジンは作り続けられなくなる。

ただし、課題を変えるべきか変えるべきでないのか、変えるのならどの部分をどのように変えるのかは、慎重に見極める必要がある。目先の効果だけを考えて、課題を目まぐるしく変化させるべきではない。

図4-20のように課題が期待の部分集合であるとき、複数の期待が一つの課

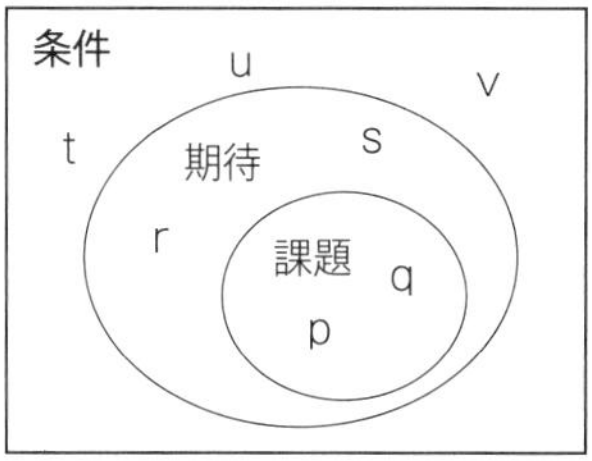

図 4-20 期待と課題の包含関係

p：機械工学の知識を修得する
q：経営学の知識を修得する
r：革新的なエンジンを開発する
s：自動車メーカーを起業する
t：プロ野球選手になる
u：ノーベル物理学賞をとる
v：オリンピックで金メダルをとる

題を共有する場合、つまり2節で紹介した「分業」や「共創」のように複数の主観が一つの客観を共有する場合、共有される課題は複数の期待の共通部分よりも小さくなる（図4-21）。

したがって、課題が小さい方が課題を共有できる期待の数は増えるし、逆に課題を共有する主観が増えれば課題は小さなものにせざるをえない。課題は達成しなければならない必要条件である。課題が大きくなると対応できる期待は少なくなる。

5節で紹介したように、効率よく優れた製品を開発するためには、課題と期待の乖離を小さくすることが重要である。課題が小さくなれば期待との差異が大きくなり、課題を達成するだけでは期待は満たされなくなる。しかし、課題が大きくなれば課題を達成すること自身が困難になるし、期待の変化に対応できなくなる。可能性を求めるならば課題は小さい方がよい。何を求めるのかによって、どのような課題が望ましいのかは変化する。

前節では課題が達成されることは期待が満たされることの必要条件であると説明した。このとき、課題の外にある条件は不必要なものであることになる。しかし、不必要であることは必ずしも無駄であることを意味しない。無駄は課題の外ではなく、期待の外にあるものである（図4-22）。

図 4-21 複数の期待と一つの課題

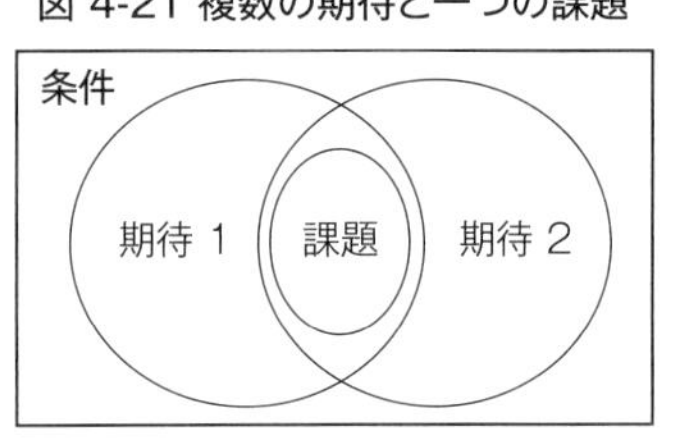

図 4-22 不要と無駄

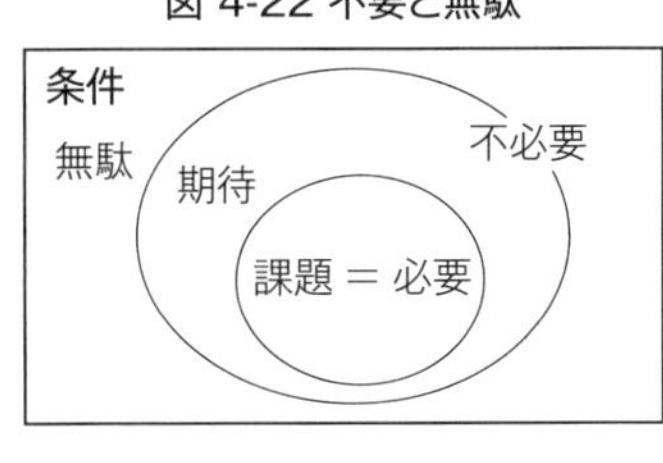

たとえば、「革新的なエンジンを開発する」「自動車メーカーを起業する」という期待を満たすための必要条件として、「機械工学の知識を修得する」「経営学の知識を修得する」という課題があった。期待を検討するうちにディーゼルエンジンやハイブリッドエンジンを開発するという条件が追加されるかもしれないが、開発すべきエンジンがディーゼルエンジンやハイブリッドエンジンである必要はない。しかし無駄でもない。それに対して、「革新的なエンジンを開発する」「自動車メーカーを起業する」という期待にとって「プロ野球選手になる」ことや「オリンピックで金メダルを取る」ことは無駄である。

しかし、しばしば不必要であることは無駄であることと同一視される。単位取得に不必要な勉強や、卒業要件に入らない科目の履修は無駄であると学生が考える。収益の上がらない活動や、収益をあげない社員は無駄であると経営者が考える。このような、不必要であることと無駄であることの同一視は、課題と期待を同一視して、その違いを見失っていることの結果である。

期待の外側にあるものが無駄である。したがって、期待が異なれば何が無駄であるのかも変わる。たとえば、経営学部のある学生は哲学に詳しいことが優れた経営者であることの条件であると考え、別の学生は哲学の知識は無駄でしかないと考える。これは、どちらが正しいというものではなく、二人の学生の期待の違いでしかない。

皆が無駄だと考えていたことに価値があると誰かが考え、その考えが徐々に浸透することもある。たとえば、黒板の前で教員が一方的に話す講義を前提としたシラバスのもとでは、演習の時間を取ることは無駄である。しかし、演習には他の方法では得られない教育効果があることが分かれば、演習を取り入れた授業が増えていく。3気筒エンジンは振動が大きく力も不足するという常識のもとでは、3気筒エンジンの開発は無駄である。しかし、3気筒エンジンには他の方法では得られない燃費の良さがあることが分かれば、3気筒エンジンを開発するメーカーが増えていく。これらは価値観の転換であり、イノベーションである。期待が変化すれば、何が無駄であるのかも変わる。

何が無駄であるのかは期待によって定まる。不必要であることと無駄であることの違いを明確にすることとは、期待が何であるのかを見極めることである。

7. おわりに

玄関の白い壁に飾るための「花の絵」を描いてほしいと画家に依頼する。その依頼人の頭には何らかのイメージがある。それは橋がかかった池に浮かぶ睡蓮の絵かもしれないし、花瓶に生けられた十二本のひまわりの絵かもしれない。そのイメージが期待であり、「花の絵」が課題である。イメージには「花の絵」であること以上の情報が含まれている。その意味で、課題は期待の部分集合である。画家は「花の絵」という短い言葉を手がかりに、欠落している情報を復元して、依頼人のイメージを自分の心に内に再現する。その再現のためには依頼人との共感と、期待を見通す想像力が必要である。

しかし、もしかしたら、はじめは依頼人には「花の絵」という漠然とした発想しかなく、睡蓮やひまわりというイメージは画家との対話から生まれたのかもしれない。最初のイメージは睡蓮やひまわりでも、画家と話しているうちにイメージが変わるかもしれない。画家は依頼人のイメージが睡蓮やひまわりであることを知りながら、あえて二人の右手がもつ花束を描き、それを見て依頼人は自分が欲しかったものは何であったのかを知るのかもしれない。期待は初めからあるものでも、自然に湧き出てくるものでも、変わらないものでもない。期待は創られる。期待を抱くためには創造力が必要である。

課題は思考の自由を奪う。しかし、ただの自由は何の発想も導かない。たしかに「花の絵」といわれてしまえばキリンやゾウの絵は描けないが、「何でもよい」ではありきたりな物しか思いつかない。「花の絵」といわれたからこそ、睡蓮やひまわり、二人の右手がもつ花束のイメージが生まれたのかもしれない。

課題は期待の土台である。課題は大きいから期待との違いが少なくてよいというものでも、小さいから自由度が高くてよいというものでもない。課題の良し悪しは課題の大きさ、すなわち課題に挙げられる条件の数とは関係がない。上手に選ばれた良い課題は、固定観念を壊して実質的な思考を促し、設計者や製作者の想像力と創造力を引き出す。想像力が課題の背後にある期待を明らかにし、創造力が課題から新たな期待を作り出す。一つの課題が二つの期待を導く。そして、導かれた期待と出発点となった課題の差異に個性が現れ、課題を通してつながる二つの期待の共創から、価値は生まれる。

第5章

使う——満足をデザインする創造力

長坂一郎

1．はじめに

デザインとは何かを作り出すために行われている。それは、あるときはウェブページであったり、衣服であったり、またあるときは車であったり、家であったり、都市であったりする。こうしたさまざまなスケールの人工物を作り出すためにデザインは日々行われている。それでは、なんのためにそうした人工物をデザインしているのだろうか？　この問いへの答えは、デザインの定義としていま最も広く受け入れられているハーバート・A・サイモンの言葉「いまの状態をより好ましいものに変えるべく行為の道筋を考案するものは、だれでもデザイン活動をしている」（注1）を参照すると分かりやすい。この定義によれば、これらのデザインは、いまの状態をなんらかの意味でより好ましくすることを目指して行われているのである。そして、この好ましさの先に満足はある。人の満足には調和と逸脱という二つの相反するあり方があり、デザインとは調和とそこからの逸脱をともに求める人間を中心とした行為の連続なのである。ただし、新型コロナウイルスによる私たちが経験したことのない変化にさらされているいま、この人間を中心としたデザインの見方――人間中心主義――についても再考すべき時期に来ている。そこにこそ本質的な「新しさ」をもたらす創造力の鍵があるのである。

2. デザインという行為

新型コロナウイルスの感染が拡がっている世の中において、この世界の状態をより好ましくする道筋はいろいろと考えられるだろう。その中で、ただ一つ挙げよといわれれば、多くの人は新型コロナウイルスのワクチンを作り出すことによって新型コロナウイルスの感染をコントロールすることだと答えるのではないだろうか。

いま世界中の多くの研究機関や製薬会社によって新型コロナウイルスのワクチンの開発が行われ、誰もがその早期の完成を待ち望んでいる。それは、このワクチンがいまの世界の状態を間違いなく好ましいものとするという期待を世界中の人々がもっているからである。

なぜ、その状態が「より好ましい」といえるのかといえば、そのワクチンがない世界の状態に比較して、そのワクチンがある世界の方が良い、つまり、ワクチンの存在によって世界がより好ましい状態に変

(1)ハーバート・A・サイモン『システムの科学』パーソナルメディア、一九九九年。

化すると多くの人が考えているからである。この変化によって人々の期待は満たされ、そして、そのことによって価値がもたらされる。価値は「いまの状態をより好ましいものに変えること」によってもたらされるのである。

ところで、世界がより好ましい状態になったといえるのはいつの時点だろうか？　ワクチンの有効性と安全性が厳格な基準のもとで確かめられ、それから数十億人が接種できるほどの量が製造されただけでは、まだ期待に応える変化は起きていない。当たり前なことであるが、それが実際に多くの人に接種され、接種された人に新型コロナウイルスの免疫が形成され、そして、集団的な免疫が獲得され、新型コロナウイルスの感染が許容できる規模にまで抑えられたときに初めて、ワクチンがなかった世界と比較して、世界は確実により好ましい状態へと変化したといえるのである。大切なことなので繰り返すと、人々の期待に応えるような世界の変化が起きるのは、人工物を作った時点ではなく、それを使用したときなのである。作っただけでももちろん世界は変化する。ただ、その作り出された人工物によってより好ましい状態に変化したと確実にいえるのは、その使用の後になってからである。

ここで、もう一度サイモンの言葉「いまの状態をより好ましいものに変えるべく行為の道筋を考案するものは、だれでもデザイン活動をしている」に戻れば、デザインという行為はすなわち世界の状態をより好ましいものに変化させるような使用への道筋を考案する活動である、ということになる。

このことは、先に挙げたすべての人工物に等しく当てはまる。服をデザインしている人は、服をただ作るだけのためにデザインしているのではない。その服を使用する、つまり「着ること」によって、それを着た人を含めた周りの状態がより良くなること、より好ましいものとなることを目指してデザインしている。そして、その変化により価値はもたらされる。ウェブページも、車も家も都市も、それを使用した結果、それを使用した人を含めた世界の状態がより好ましいものへと変化することを願ってデザインされており、その状態の変化によって価値は結果として創造される。

3．機能から使用へ

デザインはこれまで長らくクライアントの要求や期待に応えるものの「形」を計画することだと受け取られてきた。多くの人が「デザイン」と聞くと、かっこいい形や綺麗でスタイリッシュなものを思い浮かべるのはその表れである。デザイナーズブランドやデザイン性の高いブランドという言葉は、そこに何か特別な形が用意されていることを予感させる。しかし、こうした「かっこいい」や「スタイリッシュ」という言葉が形のどういった特徴についてのものなのかは、時代や、また個人の趣味に依存するため扱いにくい。

工学設計やソフトウエアデザインの分野では、こうしたクライアントからの要求をできるだけ客観的に定義しようとする。たとえば、「燃費の良い車が欲しい」という要求があった場合、この「燃費が良い」ということは、1リットルあたりの走行距離が25・0キロメートル以上とするなどと定義し、それを実現した場合に要求を満たしたとする。これは、要求を客観的に表現することで、できるだけ多くのデザイナー、エンジニア間でその要求を共有し、最終的に作り出された人工物がその要求を満たしたものであるかどうかを誰でも評価できるようにするためである。こうして客観的に表現されたものの性質や能力、働きは「機能」と呼ばれ、この機能という概念は「形態は機能に従う」という格言とともに長らくデザインの中心概念であり続けた。

「燃費が良い」ということが客観的な機能概念として定義されると、次はそれをどう実現するかが問題となる。たとえば、車体重量を軽くしても燃費は良くなるだろうし、空力性能を上げてもある程度は燃費を良くすることに貢献するだろう。トランスミッション（エンジンから出力される駆動力を車輪へと伝える変速機）でのトルク（物体を回す力やねじる力）の伝達を改良することやエンジンの点火のタイミングを工夫することも考えられる。このように、要求を達成するためにはさまざまな方法がある。そこで、「燃費が良い」という機能を、さらにそれを実現する「車体が軽い」、「空力性能が良い」、「トルクの伝達率が高い」、「エンジンの燃焼効率が良い」といった下位機能に分割する。デカルトの「困難は分割せよ」の言葉通りに、機能を分割して、より実現可能性の高い機能から実現していき、その下位機能を組み合わせることによって、全体として「燃費が良い」車を実現しようとするのである。

つまり、デザイナーやエンジニアがしていることは、クライアントからの要求を分析し、それを簡単で解決可能な問題へと分解し、それぞれの部分解を導き出し、その解を組み合わせて全体としてクライアントの要求を満たす人工物を計画することとなる。これが機能主義といわれるデザインの大まかな考え方である。

しかし、このような機能主義が行きすぎてしまうと、その機能を満たすことがデザイナーにとっての最終目標だと錯覚されてしまう。

部屋の前と後ろにある二つのライトのスイッチを、部屋の入り口のあたりに二つ並べて設置しておけば「部屋の明かりを点ける」という要求機能を満たせるが、どちらのスイッチを押せばどちらのライトが点灯するのか分かるようにしておく、ということまではクライアントからの要求事項には入っていなかったとしたら（実際、多くの場合は入っていない）、部屋の前後にある二つのライトの位置関係とスイッチの位置関係が対応していなくても、デザイナーにとってはそれでクライアントの要求を満たしたことになってしまう。

スイッチの位置関係というのは、部屋のライトの位置関係と本来なんらかの形で対応させておくべきことなのであるが、スイッチを設置する立場からすると、スイッチ周りの配線の都合だとか、既製品のスイッチをそのまま使いたいというコストからくる要請などの方が優先されてしまい、そのスイッチを使う人のことは置き去りにされてしまう。それでも、部屋の明かりは点けることはできるのだから、クライアントからの明示的な要求機能は最低限満たしているため、その限りにおいてはデザイナーを責めることはできない。

こうした例はいくらでも挙げることができる。トイレがどこにあるか分からない駅のサイン表示、見た目が綺麗なだけで住みづらい家、どのボタンを押せば表示がビデオに切り替わるのかが分からないテレビのリモコン。こうしたものは、事前に想定していた機能は実現しているが、それらを人が実際に使う場面までは真剣に考慮されることなく出来上がってしまったものたちである。

こうしたことが、いろいろなところで問題となり、一九八〇年代ごろに「もっと人が使いやすいものをデザインすべきだ」という意識がデザイナーの間で高まってきた。コンピュータのユーザーインターフェイスは、当時はキャラクタユーザインターフェース（CUI）と呼ばれる、ディスプレイ上に文字列のみが表示されるインタフェースが主流であったが、一九八四年にはアップル社のマッキントッシュが発売され、それ以降、現在のパソコンの画面のように直感的にコンピュータが操作できるものが主流となった。また、多くの家電製品、車、住宅なども、人がそれらの人工物を使うということを念頭に置いてデザインされるようになった。これはどういうことかといえば、人はものの機能によってではなく、それを使用することによって満足するということをデザイナーたちが改めて認識したということである。

4．人間中心主義

試行錯誤を通して、デザイナーたちは世界をより好ましくする手法についての知見を蓄えていった。そして、そこに共通の視点を見出した。それは、デザイナーが扱っているのはものの形や機能の先にある人間によるものの使用であり、その使用が現在の状態を人間にとってより好ましいものに変えることにつながるということである。この認識がデザイナーだけでなく広く一般の人々にまで浸透した結果、現在に続く人間中心主義のデザインの流れが定着することとなった。

新型コロナウイルスのワクチンについても、その人間による使用によって世界は変化し、そして、世界は人間によってより好ましいものとなると期待されている。今の世の中で、新型コロナウイルスの立場から世界の良し悪しを考える人は少ないであろうが、ウイルスの目的がただ自己のコピーを増殖させることにあるとすれば、新型コロナウイルスにとっては人間によるワクチンの使用は最悪のことである。新型コロナウイルスは人以外の動物にも感染することが知られているが、それでもやはり人間は新型コロナウイルスを増殖させる上で有効な宿主であり、宿主の細胞の助けを借りないと増殖できないウイルスにとっては、人間が集団的な免疫を獲得することにつながるワクチンの使用は望ましいことではない。つまり、人間によるワクチンの使用によって世界はウイルスにとってより好ましくない状態へと変化する。

新型コロナウイルスがもたらした変化が良いものであったとすること自体、ある意味許されないほどに私たちの見方は人間中心主義となっている。新型コロナウイルスの世界的な流行による経済活動停止で二酸化炭素の排出量は低下しており、長期的に見れば地球温暖化の進行を遅らせることにつながることが予想されている。このことは、人間を含めた多くの動植物にとって世界をより好ましいものへと変える可能性を示しているが、人間に対する新型コロナウイルスの脅威があまりに大きいため、人間中心主義においては、そうした効果は顧みられない。また、新型コロナウイルスが人間を「使って」増殖を繰り返し、世界的な流行を引き起こしたことによって、新型コロナウイルスにとっては世界はより好ましい状態へと変化したのであるが、このことによって価値がもたらされたとは考えられていない。

このように、デザインの対象を「人間によるものの使用」に絞ることによって、その使用による世界の変化の良し悪しの基準が人間にあることが明確になり、デザインされたものに対する評価がシンプルなものとなる。

本書の多くの章でも取り上げられている「デザイン思考」とは、この人間中心主義のデザイン手法を、デザイナーだけではなく、ビジネスやエンジニアリングの現場、あるいは人間生活に現れるさまざまな問題を扱う人々に対して開放するものである。「デザイン思考」を提唱した中心人物であるティム・ブラウンは「デザイン思考とは、人々のニーズとテクノロジーの可能性を結びつけるデザイナーのツールを基盤とした、人間中心のアプローチのことです」(注2)と語っており、そのアプローチも「ユーザーへの共感に基づく理解」、「ユーザーの理解に基づいた問題定義」、「ユーザー参加による創造・発想」、「ユーザーを巻き込んだプロトタイピング」、「ユーザーによるテスト」など、デザイナーにとってはおなじみの手法を、より「人間中心」ということに関して徹底したものとなっている。

ただ、デザインの結果引き起こされた世界の変化の好ましさを、本当に人間中心主義のみの見方で評価してよいかどうかは、常に自問し続けなければならないだろう。なぜなら、世界は人間が認識できるものだけで構成されているわけではないのであるから。

5. 調和

ここまで、人がものを使用した結果、それを使用した人を含めた世界の状態がより好ましいものへと変化することによって価値はもたらされると述べてきた。では、その変化が「好ましい」ものかどうかの基準は何であろうか?

その有力な候補の一つが「調和」である。人の暮らしと家が調和していたり、服が着ている人に調和して(似合って)いたりすることは、そのデザインの良し悪しを測る一つの基準であろう。つまり、デザインの対象を「人間によるものの使用」だとする立場においては、その使用が調和をもたらしたときに世界はより好ましくなると考えられる。

では、調和をもたらす使用とはどういうものだろうか?

たとえば、先のスイッチの例について見てみると、人は部屋の前方にあるライトを点けようとしてスイッチを押したら、部屋の後方のライトが点灯した場合、この使用は調和をもたらしたとはいえない。なぜなら、使用に至る前の状態と使用の後の状態の変化が使用者の期待と調和していないからである。つまり、ここでの調和をもたらす使用とは、スイッチを操作した人が期待した通りの変化を引き起こすようなものということになる。

新型コロナウイルスのワクチンの場合でも、そのワクチンの使用には期待された効果がある。そして、そのワクチンを接種した後に体内に有効な抗体が形成されなかったら、あるいはワクチンを接種したにもかかわらず新型コロナウイルスに感染し、しかも重症化したとしたら、そのワクチンの使用の前後の状態

(2) Brown, T., Design Thinking, https://www.ideou.com/pages/design-thinking(二〇二〇年九月十七日閲覧)

変化はワクチンを接種した人にとって調和したものとはいえないだろう。

人間中心主義のデザインが提唱され、「人が使いやすいものをデザインすべき」という意識が高まったと述べたが、この「使いやすい」ということは、使用の前後が人間の期待と調和していることと言い換えてもよいだろう。

「人が使いやすいものをデザインすべき」という主張の中心にいたドナルド・ノーマンは、人間中心主義のデザインを広めた著作『誰のためのデザイン？』(注3)の中で、こうした調和を人にもたらすために、特に「可視性」と「フィードバック」が重要であると述べている。可視性については「システムはシステムの状態の手がかりを使用者がすぐに分かって解釈できるとともに、意図や期待に合致する形で表示すべきである」と述べ、さらに「使用者が行ったことの結果がどうなったかは、はっきり示すべきである」とも主張している。こうしておけば、使用の前後におけるシステムの変化が人の意図や期待に合致しているか、すなわち調和したものかどうかが使用者自身によってすぐチェックでき、調和していなかったら、直ちに使用を使用者自身で修正できるようになる。

このように、使用の前後における状態の変化が調和しているとは、使用者の期待した通りの、あるいは期待していた以上の変化があったときだといえるだろう。そして、その調和が多くの人に共有されることにより、その変化が好ましいものとして世の中に広く受け入れられていく。

しかし、われわれはこのような期待どおりのことばかりが起こる世界を望んでいるだろうか？　期待していたとおりの風景が展開され、そこには期待していたとおりの人がいる。そんな街にわざわざ旅行に出かけたいと思うだろうか。

もちろん、普段は期待どおりの動作をするスマートフォンを私たちは求めており、画面上のアイコンに触れたら、予期していない動画がいきなり再生されるようなユーザーインターフェイスはごめんこうむりたいと思っている。しかし、久しぶりにスマホのOSが更新されたとき、以前とまったく同じインタフェースで、動作もまったく同じだということを発見したとしたら、少し期待外れだったような気になるものである。そして、そうした更新が何度も繰り返された後には「別のOSのスマホに乗り換えようかな」などと思ったりもするだろう。ここが、人間が複雑であり面白いところでもある。

何かを使う場合、ほとんどの場合は期待どおりの結果を求める。そのようなとき私たちは、使っているものの存在を忘れてしまうことがしばしばある。今この原稿をコンピュータを前にしてキーボードで入力しているが、キーボードを打っているという感覚はほとんどない。頭に浮かんだ文字を、そのままエディターソフトに入力していると、その文字が次々と画面に表示される。予期したことが予期した通りに進んでいる（進んでいないのは、原稿のみである）。

しかし、たとえば「G」のキーがうまく動かないとしよう。すると、途端にキーボードは私の前に立ちはだかり、そうでなくても遅々として進まない執筆作業を、さらに困難なものとする。「G」のキーはそれほど使用頻度は高くないが、それでも「が」という助詞が現れるたびに、「G」のキーが空振りし「あ」

（3）ドナルド・A・ノーマン『誰のためのデザイン？』新曜社、一九九〇年。

となったり、意識してしっかり打とうとして「ggあ」、などとなったりする。こうなってくると、頭の半分ぐらいがキーボードの動作のことで占拠されてしまい、ついに原稿はまったく進まなくなる。

こうしたことを、ウィノグラードとフローレスは『コンピュータと認知を理解する』(注4)の中で、ハイデガーの現象学を参照しながら、「ブレイクダウン」と呼んで、デザインにおいて重要な事柄として取り上げている。上の例で、キーボードが問題なく動作しているようなときは"ready-to-hand"(手の届くところにあること、用具的であること)の状態にあり、そのキーボードの存在はほとんど意識されないが、障害(ブレイクダウン)が起きた途端に"present-at-hand"(対象としてあること、客体的)となり、その存在がまざまざと意識されるようになる、というのである。そして、このブレイクダウンは、必ずしも否定的な出来事とは限らず、そこにデザインすべき問題があること、そして、そのブレイクダウンの中に学ぶべき事柄が隠されていることを私たちに知らせてくれるものでもあるという。

また、すべての使用がブレイクダウンなしに行われ、すべてが人の期待どおりに進む世界においては、わざわざデザイナーが登場してきて世界の状態を変える必要性はない。そういう世界においては、端的に言って今まで通りの世界の状態を維持すればよいだけなのである。デザイナーが求められるのは、今の状態を好ましいものにしようと使用者が努力しようにも、使用者だけではその状態を変えることができない場合であり、すべての使用が調和しており、より好ましい状態というものを使用者自身が望まない、あるいは、使用者が現状の維持を望んでいるのだとしたら、その現状に変化をもたらそうとするデザイナーの出番はないのである。つまり、デザイナーの存在は、調和に満ちた世界に飽きたらなくなった、あるいは調和ある状態へと現状を変えたいが、使用者だけではその現状を好ましいものへと変えることができない場合に求められるのである。

今はまさにそういう状態に世界はある。

製薬に従事していない私たちは新型コロナウイルスのワクチンを自分で作ることはできない。できることは、とにかく新型コロナウイルスに感染しないように、今までの行動様式を変容することである。その間にワクチンが開発されることをひたすら待つしかない。

現在は予期していなかった不調和の状態に世界はある。新型コロナウイルスが人間を使って世界の状態を変化させたことにより、その前後で世界規模の不調和がもたらされたのである。そして、その不調和は私たち自身ではすぐに好ましい状態へと変えることができない。長い時間と多くの感染者を出すという受け入れ難い手段を取るのなら、私たちが進化の末に獲得してきた免疫システムによって新型コロナウイルスの抗体を集団的に作り出し、新型コロナウイルスの蔓延を終わらせることもできるかもしれない。しかし、それは私たちが期待しているシナリオではもちろんない。だから、デザイナー（ワクチンの開発者）の介入が求められるのである。

(4) テリー・ウィノグラード、フェルナンド・フローレス『コンピュータと認知を理解する』産業図書、一九八九年。

6. 逸脱

逸脱とは、ある使用に至る前の状態とその使用の後の状態の変化が「調和していない」ことである。

新型コロナウイルスのおかげで、私たちの世界の調和は乱され、まだ次なる調和ある世界の姿を描けずにいる。そうした中、多くの大学では授業は遠隔となり、学生は大学構内に入ることすら禁止されているところもある。しかし、少なくない学生は授業が遠隔になったことを喜び、さらに、その状態に慣れ、その状態の新しい楽しみ方を考え出す者たちもいる。もちろん、多くの教師・学生はこの混乱から早く抜け出す道を見つけたいと願っている。しかし、心のどこかで、この逸脱した状況を楽しんでいる者も少なくない。

また、これほどまでの人が一つの人工物（ワクチン）の製造に血眼になったことが今まであっただろうか？ これは、戦時の兵器の開発競争以来ではないかとも思われるが、ここまで全世界的に期待と努力が集中している状況は、これまでの歴史上、なかったことのようにも思われる。そして、誰もがワクチンの開発を支持し、そのデザイン過程を見守る状況を作り出したのも新型コロナウイルスによってもたらされた調和からの逸脱である。

逸脱は調和を求め、調和は逸脱を期待させる。デザインとは、この調和と逸脱から生じるブレイクダウンと期待の周囲で延々と繰り返される行為の連続なのである。

逸脱とは、ある想定された道筋からそれていくこと、あるいは許された範囲から踏み出すことである。

たとえば、将棋のある局面で二歩（将棋の駒「歩」が将棋盤の縦の筋に二個ある状態）を打ってしまったとしたら、それは将棋のルールの下で許される手の範囲から外れており、その時点で二歩を打ったプレイヤーはただちに負けとなる。これはゲームとしての将棋の手の流れから確実に逸脱している行為である。

また、ある人が山の頂を目指して登山をしているとき、あるところで不意にルートが二手に分かれていたとしよう。その登山者がなにげなく山頂に続く道ではない方を選択した場合、その登山者は想定していたルートから外れることとなり、文字通り逸脱したことになる。

このように、逸脱とは、必ずしも混乱した複雑な状況をもたらすということではなく、想定されたある一定の道筋から逸れること、1→2→3→4の次に、135が来るようなことである。

新型コロナウイルスがもたらしたのは、混乱した状況とともに、この意味における逸脱である。どの国のGDPの推移を表したグラフを見ても、旅行者の数を見ても、インターネットのトラフィック量を見ても、二〇二〇年二月前後あたりから想定された値から逸脱していることが分かる。これらは、人々の行動をさまざまな側面から定量化したものであるが、個々人の具体的な行動様式はもっとドラスティックに逸脱していることだろう。日々の暮らしの流れ、仕事の仕方、人と人との関係が、1、2、3、4ときて、いきなり16537・6のような値が出てきたようなことになっている。いま世界はまさに、そうした逸脱の状況にある。

逸脱が生じると、日々当然繰り返されると思っていたことができなくなり、今までの生活の延長線上にこれからの暮らしの姿が描けなくなる。つまり、これまでの既存の習慣やルール、知見からでは、今の状態の次が予想できないのである。

上の将棋の例において二歩を打ってしまった後の状態では、打った方がすぐさま負けとなり、これ以上ゲームを続けることは本来できない。もちろん、素人二人が二人だけで将棋を指しているような状況であれば、「今のはなかったということで」と、その一手を取り消して、その一手前から続けるということも可能であろう。しかし、それはもう、厳密には将棋というゲームではなくなっている。あるいは、その一手をなかったことにはせずに、二歩はそれぞれ一回だけは許される、などとルールを改変し、そのまま続けるということもあり得るかもしれないが、これもまた将棋というゲームとはもはやいえないだろう。

登山のルートから外れてしまった場合、普通は元に戻る道を探すだろう。しかし、想定外の道であるから、用意してきた目印などの情報は役に立たない。さらに、ルートから外れた地点が携帯電話の「圏外」だったとしたら、今自分がどのあたりにいるのかも分からない。登山を普段からよくしている人は知っていることであるが、こういうときは「道に迷ったら、下ってはいけない」という言葉に従い、今来た道を引き返すか、上に登っていくことである。直感的には、下った方が安全なように思えるが、下る方がその先の地形が複雑になりがちでより危険であり、上に登った方が地形が単純になるため道に迷わず整備された登山道に出る可能性が高いからである。

こうした逸脱から調和に至る方策について、もう少し一般的に考えてみよう。まず一つ目は、最もシンプルな方策ＵＮＤＯ（「後戻り」）である。

現代のソフトウエアのほとんどにこの機構が組み込まれているが、それは、人間中心主義のデザインの流れの中で、人は間違いを犯す存在であるという前提のもと、それを許す機構を用意することが推奨されたからである。具体的には、使用者の使用行為は基本的に後戻りできる仕組み（ＵＮＤＯ）を用意し、ファイルの削除のような後戻りできない使用行為については、使用者にそのことを事前に警告することが求められた。これによって、使用者は逸脱した状態から、ものと調和ある使用の流れに後戻りすることができる。あるいは、後戻りができない逸脱の前に「ここから逸脱しても、後戻りできない」ということを事前に知ることができる。

登山の例は、この方策で調和を回復できるケースであろう。登山者が逸脱する前に「この先は山頂には続いておらず、また引き返せません」という看板を立てておくとか、ルートの分かれ道の先に、必ず引き返せる道筋を用意しておく、などである。人は、どんなに整備された登山道があっても、逸脱する存在なのであるから。また、将棋の例で「今のはなかったということで」と二歩となった手を取り消して、その前の状態からゲームを何事もなかったように続けることを許すことは、このゲームにＵＮＤＯの仕組みを組み込むことに相当する。

二つ目の方策は、逸脱を逸脱として認めない、すなわち、逸脱した行為（使用）を、調和ある使用の中に加えることである。これを、ここでは調和の保存拡大と呼ぶことにしよう。なぜなら、調和した使用の流れに、逸脱した使用を含め、調和を保つ方策だからである。

先ほどの将棋の例で、二歩を打つという行為をそれまでの手と同様に調和したものとして認めることがこれにあたる。これによって、二歩となっている盤上の状態も調和した状態として許されるが、それ以外のルールはそのまま保存される。つまり、二歩に関する部分だけ調和した手の種類が拡大し、それ以外のルールを保存することでゲーム全体としての調和を保つのである。

これら二つの方策は、小規模な逸脱に対して既存の使用の流れを微調整し、今ある調和をなんとかして維持しようとするものである。しかし、これらの方法では、どうにもならない逸脱がある。今回の新型コロナウイルスによる逸脱はその一つであろう。この逸脱をUNDOによって後戻りし、なかったことにはできない。新型コロナウイルスが地球上に出現したときに、これが広まると後戻りできないという警告を人々に出すタイミングも、すでに逸してしまっている。

また、保存拡大も許されない。新型コロナウイルスの感染が拡大し続ける状態変化の連続を人類は調和ある変化として受け入れることはできない。また、ワクチンの開発が成功し、感染の拡大が治まったとしても、それまでに少なくとも一年以上の時間が過ぎてしまっており、そのときには既存のルールを保存して、新たなルールを付け加えるような調和の取り戻し方ができないような地点へと、私たちはすでに進んでしまっている。

では、どうするのか?

それは、既存のルールを大幅に組み換えるような、新たな使用の体系を作り上げるほかはないであろう。

7. 創造力

ここで、デザイナーの創造力が試される。ＵＮＤＯも既存の使用の体系の保存拡大も使えない。そのような小手先の方策では、現在の世界の状態から調和したより好ましい状態への道筋を描くことはすでにできないところまで来ている。

こうした場合、まず、今の逸脱の状態を受け入れるところからデザインを始めるほかはないであろう。そして、既存の使用の体系、ルールを与えられたものとして当然視するのではなく、すべてを見直しの対象とするのである。

ここで、もちろん人間中心主義のデザイン思考も有効な方策の一つとなる。この逸脱した流れの中で、どう調和をもたらすのか、人々に共感し、問題を定義し、発想し、プロトタイピングをし、テストする。そうすることで、次の調和を探り出すのである。

ただ、人間中心主義は人間の認識できる範囲に問題の領域を絞っているため、それに伴って解の領域も狭めてしまう。まず最初に「人に共感する」ことから始めるところにそれが端的に表れている。人を観察し、人にインタビューし、人と活動を共にしても、今回の逸脱に関しては、そこに調和のヒントがあるとは限らない。もっと本質的な変化は、人間が認識できる領域の外からやってくるからである。新型コロナウイルスのように。

ここで、既存のルールに縛られることなく、新たな使用の体系による新たな調和へと現状を導くために、解の領域を人間の外により広くとり、人間中心主義ではなく、非人間中心主義、あるいはことさら非人間中心といわずとも、使用中心主義とでもいうような、そうした見方を導入すべきであろう。

これまで、使用とは暗に人による人工物の使用を意味してきた。人の使用によって状態の変化が起きる。その変化によって今の状態をより好ましいものとする、それがデザイナーの仕事であると。

ここで、非人間中心主義における使用とはどういったものでありうるだろうか？

使用によって世界の状態は変化する。逆にいえば、世界の状態が変化しない、すなわち時が止まっているような使用はありえない。そこで、この使用と変化の関係を逆転し、状態の変化のことを使用だとすれば、その中心に人間がいる必要はなくなる。

人を含めた世界の状態変化（使用）により、世界をより好ましいものとする。そして、その「好ましい」ことの基準についても、人間だけではなく、その変化の影響を受ける多くの生物・無生物を視野に入れた上で基準を定め、そして、人間を含めた多くの存在者にとってより好ましい状態へと変わる道筋を考え、新たな調和へと世界を導く、そうした機会をわれわれは新型コロナウイルスに与えられたのではないだろうか。

この未曾有の逸脱期において、どこまで解の探索のための視野を広く取れるのか、そして、どれだけ広い対象に対してより好ましい状態をもたらす道筋を構想できるのか、そうしたことがデザイナーの創造力に求められているように思われる。そうしたときには、いったん、人間の使用を中心とした問題設定を停止すべきであろう。

こうした見方は、思弁的実在論という哲学の運動と親和性がある。思弁的実在論では人間中心主義を乗り越えようとするさまざまな試みが行われている。その一つが、人間中心主義の一つの基盤となっていると考えられている「相関主義」を拒否することである。

思弁的実在論を唱える主要なメンバーの一人であるカンタン・メイヤスーによれば、この相関主義とは「主観性と客観性の領域をそれぞれ独立したものとして考える主張を無効にするもの」であり、「私たちは主体との関係から分離された対象『それ自体』を把握することは決してできないと言うのみならず、主体はつねにすでに対象との関係に置かれているのであって、そうでない主体を把握することは決してできない」(注5)と主張するものである。

私たちは認識できるものしか認識できない。その認識の限界の外にあるものは思考の対象となることは原理的にありえず、アクセスすることもできない。しかし、一方でそうした領域に「もの」たちは、個々にはアクセスできなくとも、世界に溢れていること自体は私たち誰もが感じている。しかし、相関主義のもとでは、それらの「絶対的な外部」(注6)にあるものについて真剣に考え、理論的に取り扱うことはしない。ものは私たちがアクセスできる限りにおいて考察の対象たりえると受け取られているからである。

(5)カンタン・メイヤスー『有限性の後で——偶然性の必然性についての試論』人文書院、二〇一六年。
(6)この「絶対的な外部」とは、メイヤスーが言う「絶対的な偶然性」とは異なることに注意。「絶対的な外部」とは、メイヤスーが『有限性の後で』の第1章で言うように、「私たちに関係しないもの」であり、「私たちがそれを思考しようとしなかろうとそれ自体として存在」するものである。「絶対的な偶然性」については、メイヤスーの本などを参照のこと。

本書で主題的に取り上げられている「価値創造スクエア」（図5-1が基本形）は、この相関主義の図式そのものである。

このスクエアの中に、主体との関係から分離された対象の領域「絶対的な外部」は用意されていない。それは、人間中心主義の枠の中で価値の創造が議論されているからである。それは、上述したこれまでのデザインの歴史的な流れを考えれば当然の態度である。デザイナーはものの形や機能の先にある、人間によるものの使用を扱っており、その使用が現在の状態を人間にとってより好ましいものに変えることにつながり、それが価値をもたらすのであるから。

しかし、私たちの認識できる範囲を離れた絶対的な外部にものは溢れているはずである。新型コロナウイルスも、この絶対的外部から突如として私たちの認識できる領域に現れてきて、私たちはそれとの深い関係性の中に無理やり置かれたのである。もちろん、今でも、またこれからも新型コロナウイルス「それ自体」は私たちの認識の外にあり続けるのであろうが（だから、私たちが新型コロナウイルスを「完全に」理解することは、永遠にできない）。

このような逸脱が外部からもたらされているのに、調和を外部に求めてはなぜいけないのだろうか？　そもそも、なぜ絶対的な外部が「価値創造スクエア」の中に想定されていないのだろうか？　その答えの一つは、価値とは人間にとって

図 5-1 価値創造スクエア：基本型（図 0-3 再掲）

課　題	→	結　果	（客観）
｜		｜	
期　待	→	満　足	（主観）

の価値のことであり、そして、主観と客観の相関性の外では議論できないということが明示的に前提されているからである。

今求められているのは、ＵＮＤＯでもなく、保存拡大でもない、本質的に「新しい」変化である。その本質的な新しさが、人間の認識できる範囲からもたらされ、主観と客観の相関的な関係に基づいた人間中心主義の方法論で捉えられることも大いにあり得る。しかし、その変化の新しさが本質的であればあるほど、その新しさの源が絶対的な外部からやってくることも大いに予感されるのである。なぜなら、絶対的外部からやってくるものは、定義上、私たちの認識の外にあったという意味で必ず「新しい」のであるから。

そして、創造力がなんらかの意味で「新しさ」をもたらす能力であるとするならば、この絶対的な外部からもたらされるものを謙虚に受け入れる、そうした姿勢が求められる。絶対的な外部であるのであるから、いつ何がそこからもたらされるのかはまったく予想できないし、もちろんコントロールもできない。そうしたとき、人はただ受動的になるほかない。その際、得体の知れない外部に対して過度に防御的になるのではなく、そこからもたらされるものをある程度積極的に、楽観的に受け入れる。そうした姿勢が求められるのである。そして、そうした姿勢そのものが、この逸脱期に必要な創造力なのである。

8. おわりに

デザインという行為は、とくになにも意識せず、目の前のものを少しでも使いやすくしようとする努力から始まった。その使いやすさが機能という概念にまとめられ、そして人間を中心においた使いやすさへと、また関心の焦点がもどってきた。

いま、その人間中心主義という、半世紀以上続くデザインの潮流が変わるときに来ているのかもしれない。その変化がいまの状態をより好ましいものに変えるかどうか、また人間に対してなんらかの価値をもたらすかどうかは、例によってまったく予想できないのではあるが。

第6章

繋ぐ——自己の想像性から共同体の創造性へ

小池淳司

1. はじめに

コロナ禍の社会的混乱が人類における課題を改めて考え直すきっかけになっていることは多くの人が感じていることであろう。そして、いま一度、私たちが価値あるものと認識しているもの、あるいは私たちの価値観とは何か、そして、その価値の実現における課題とは何か、また、どのようにその課題を解決すれば、価値あるものを手に入れることができるのかが本書の一貫したテーマとなっている。

本章では、これらのテーマにおいて重要な構成要素である価値、あるいは価値観とは何かをもう一度考え直し、ある仮説のもとではあるが、自己と共同体の価値観というものを定義し、そのうえで、現実社会における、多様性と創造性の関係を共同体と自己の価値観の関係からつなぎ、さらに、新しい価値を想像・創造することの意味を改めて考えてみたい。

本章では、これまでに書かれた多くの著書を参考にしてはいるが、ここでの考察は、著者自身の考えであり、一つの思考法である。そのため、仮説・結論の一般性に何の保証もないが、ある問題を考えるときに参考程度に考えてもらえば幸いである。

2. 価値観の形成とは

私たちは、だれしも、意識しようがしまいが、価値観というものをもっている気がしている。この価値観とは何か？　改めて問われると、よく分からないものである。「君と僕とは価値観が違う」というときの価値観とは、物の見方や好みを意味する言葉として用いている場合が多い。改めて価値観とは何かを考えてみると、あるいは、辞書などで調べてみると、それは第2章で述べられているように「真・善・美」として定義されることが多い。そしてそれは、認識上の真と、倫理上の善と、審美上の美として表現され、人間がもつ最高の価値とされている。そして、私の価値観というものが存在するとして、それは他人の価値観、あるいは世間一般の価値観とは違うのか。また、人間にとって究極的に正しい価値観とは存在するのか。よくよく考えてみるとさまざまな疑問が、この価値観を考えるときに浮かび上がってくる。それでは、そもそも、私たちは、このように定義される自分の価値観をどのように獲得したのであろうか？　この問いには諸説あるようだが、私が気に入っている説（注1）を紹介しよう。それは、私たちの「善」の意識の獲得の話である。話を理解しやすいようにしよう。「善」の反対は当然「悪」となる。この「悪」の意識を、私たちはどのように獲得したのであろうか。そのことを通じて個人の価値観の獲得を考えてみよう。

物心がつき始めた幼少のころを思い出してほしい。誰しも自分の親に叱られた、あるいは怒られた経験が一度や二度はあると思う。この幼少期に怒られるという経験こそが「悪」の起源であるという説である。たとえば、子供が食事中に騒いで食べ物をこぼしたような場合にその子の親が怒ったとする。子供は食べ物をこぼす行為が悪いとは認識していなくても、親に怒られることにより、それを悪いことと認識するであろう。これこそが「悪」の認識であり、そうならない行為こそ、「善」ということとなる。もう少し深く考えてみると、そこでは、子供の「悪」の認識とは、その行為をすると、今後、親からの愛情を得られないことへの恐怖心として定義できるであろう。これこそが、私たちが「善」という価値観を獲得する最初の過程である、として説明する説である。

この価値観の獲得の説とは、つまり、自己の価値観を形成するうえで、親、あるいは、家族、地域社会、さらには、世間一般の価値観との相違があるときに、それら、自己以外の人々に嫌われるという恐怖心から、自己の価値観が影響され、新たに形成されていくというものである。そして、自己以外の人々、つまり、自分を含む多数の人で構成される共同体に内在する価値観との相違を常に感じることで、自己の価値観が形成されていくというものである。ここからは、自己の価値観、そして、共同体に内在する価値観（以降、共同体の価値観と呼ぶ）という二つの価値観という言葉を用いるが、それは、必ずしも同じに

(1) 小浜逸郎『倫理の起源』ポット出版、二〇一九年。

なるべきというものではない。私たちが自分の存在を意識するときとは、まさに、自己の価値観と共同体の価値観の相違を意識している状態であろう。つまり、ある意味では、自己の価値観と共同体の価値観の違いがさまざまな多様性を生み、想像性そして創造性を生むものとしてとらえることが可能となる。そのため、自己の価値観は、共同体の価値観と時には影響しあうが、個人の認識上、異なる存在を想定している。生まれたばかりの幼少のころは、自己の価値観が未熟であり、先ほどの「悪」の起源のように家族の価値観と自己の価値観の相違をそのまま受け入れて価値観を形成しているが、大人になるにつれ、自己の価値観と共同体の価値観の相違に葛藤をおぼえるようになると考えると理解しやすい。そして、さまざまな共同体に属するという経験のもと、自己の価値観が形成されていくのである。

また、この自己の価値観と共同体の価値観の関係がバランスしている状態こそ、近代社会が望ましいと考えている状態の一つであると解釈できる。つまり、図6-1のような構造である。図6-1は個人Aが共同体1に所属している様子である。ここで、仮に個人Aの価値観が完全に共同体1の価値観に染まり、共同体1の価値観とまったく同じになった場合を考えてみよう。それは、大変恐ろしい事態で、社会に自己が存在しない、つまり、全体主義に近い状態であろう。この

図 6-1 個人と共同体の価値観

ような状態では、個人が社会で息苦しい、または自己を実現できない、透明な存在であるだけでなく、政治的にも非常に危険な状態ということはいくつかの歴史的事実が証明している。一方で、ある個人Aの社会的影響力が強く、個人Aの価値観が、その構成員すべて、つまり、共同体1の価値観を支配した場合、それは政治的には独裁と呼ばれる状態にちかいということになり、結局、前の全体主義の状態と同じにある。まさに、近代国家が保証している、思想・良心の自由とは、これらどちらか一方の状態に陥らないように、自己の価値観と共同体の価値観がある程度バランスしている状態を目指すうえで必要な前提となっていることが理解できる。さらに、個人Aと共同体1の価値観がまったく異なり、かつ、個人Aが共同体1に働きかけることがまったくできない場合、個人Aは共同体1、すなわち、社会から孤立するであろう。これも現代社会が抱える問題の一つであり、政治的無関心と呼ばれる。つまり、私たちが目指す社会とは、自己の価値観と共同体の価値観の相違を前提としているが、それらが、適切に影響しあう状態を意味していると考えることができる。

3. 複数の共同体と多様性

私たちは生きていく中で、さまざまな経験や体験を通じて、自分の考え方が変化していることを感じることがある。時には、価値観を変えられるような大きな出来事も経験する。このような経験を経て獲得された自己の価値観は、さまざまな経験を通じて、つまり、さまざまな共同体の一員となることで（さまざまな共同体の価値観に影響されることで）、変化してきたと考えるべきであろう。そして、大人になればなるほど、同時に複数の共同体に所属し、それぞれの共同体の価値観と自己の価値観の違いに違和感をおぼえながら日々生活を送っている。その様子は図6-2のような構造をしていると考えることができる。

この図のような場合、個人Aは共同体ごとの異なる価値観に直面することとなり、より自分の価値観を認識せざるを得ない状況に置かれている。会社の価値観に馴染めない会社員が趣味の仲間と息抜きをするというイメージを考えれば容易に理解できると思う。そして、このような複数の共同体に属することで、私たちはより鮮明に自己を意識し、感じていると考えることが可能である。

たとえば、学校での「いじめ問題」の深刻さを考えてみよう。個人Aは学校のクラスという共同体2に属している。そこではある特定の子供Bに対するいじめがあるとしよう。仮に、共同体2では、いじめることが「善」であるかのような雰囲気（あるいは、空気）があるとする（当然、そのようなことがないことが理想である）。それは、子供Bへのいじめが単なるからかいであるとクラスで認識されている、あるいは、個人Aがクラスで子供Bへのいじめに加担しないと、今度は自分がいじめの対象になるような状況である。一方で、個人Aの家族が共同体1、それより大きな社会一般が共同体3であると考えよう。この別の共同体の

図 6-2 複数の共同体に属する個人

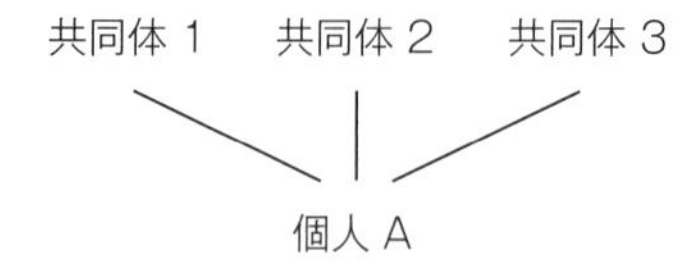

価値観では、いじめは当然「悪」であり、そのような行為は絶対に許されない。このような場合に個人Aは簡単にどちらかの価値観を自分の価値観として採用することは容易ではない。また、いじめに加担しなくても、そのような子供Bへのいじめの行為があることをクラスの担任や先生に話すことも憚れるであろう。この個人Aが感じる葛藤こそ、複数の共同体に属することで、それらの違った価値観の相違により発生しているものだと解釈できる。そして、このような場合にどうすればよいのかを考え、その行為が〝自分として〟正しいのかを判断することこそ、個人Aの自己の価値観である（このような場合、決して行動に移す必要はない）。このような強烈な経験をした人は少ないかもしれないが、多かれ少なかれ、人はこのような葛藤を経験しつつ、自己の価値観を意識し、あるいは新たな価値観を形成していくと考えることが可能であろう。

ここまで、人間の価値観の形成に関して、一つの仮説を提示し、それを説明した。それは、複数の共同体に所属することで、それらの価値観と自己の価値観の相違という経験を通じて、私たちは自分の価値観を獲得しているというものである。この文脈から、改めて、多様性とは何か、あるいは、多様性を有する社会とは何かを考えてみたい。たとえば、図6-3①のような組織と図6-3②のような組織を考えてみよう。

図6-3①のような組織では、多様な価値観に影響された個人A、B、Cという三人で構成されているが、それらを結ぶ共同体が存在しない場合である。それらは、別の価値観をもつ三人であるという意味での多様性がある社会であるが、それらの人々を結びつける価値観が存在しないがゆえに、それぞれの人の

価値観をお互いに理解することが困難となり、結局、理解しえないが多様性を有している社会となる。往々にして、このような多様性は内部的な軋轢を生み、長期的にはさまざまな問題を内部に抱えることとなる。一方、図6-3②のような組織はどうであろうか、ここではたった一人の個人Aという存在だけの社会であるが、価値観の多様性という意味では、図6-3①と同様である。そして、それらの価値観を結びつける自己としての価値観、すなわち、個人Aの中にそれぞれの共同体の価値観が存在するという状況である。このように、共同体の価値観を基準に考えると、社会の多様性とは、多様な価値観をもつ人々を集めることよりも、多様な経験に基づき、かつ、多様な共同体に属する(あるいは、属していた)人を集めることが重要であることが理解できる。つまり、社会の多様性が重要といっても、それらを理解可能な個人の存在と、それらを結びつける共同体の存在が重要である。

ここで、多様性というキーワードを挙げた理由は、多様性と創造性が同時に語られることが多いためである。いわく、多様性が創造性を生む、つまり、多様性がある組織を形成することが創造性を生むと解釈されることが多い。しかし、そもそも、多様性を有する社会、あるいは、組織とはどういうものかを改めて考えてみると、それは必ずしも異なる考え方の人を数多く集めることでは

図 6-3 多様な社会と個人

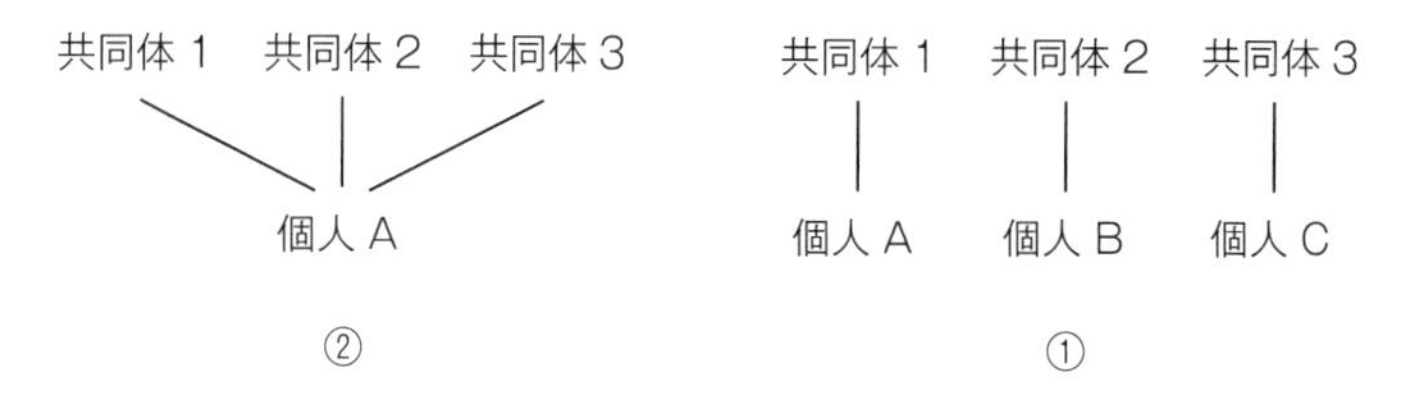

ないということが容易に理解できると思う。そして、図6-3①のような場合でも、そこにいる個人A、B、Cの三人を結びつける共同体を構築し、そして、その中に価値観を見出す作業がなければ、このような多様性は機能することが困難であることが理解できるであろう。さらに、図6-3①の社会でも、図6-3②のような社会でも、多様性を生む源泉は複数の共同体の価値観に同時に所属する個人の存在、すなわち、個人の価値観に依存していることが理解できる。次に、この多様性を有する社会と創造的思考をつなげてみたい。

4. 想像性としての自己と創造的思考

これまで、個人と共同体の価値観を対照的にとらえ、個人の価値観の形成過程、多様な共同体の価値観をつなぐ個人の価値観の重要性などを説明してきた。これらの価値観の認識から創造的思考を考えてみよう。ここで、スペインの哲学者、ホセ・オルテガ・イ・ガセットが「技術の彼岸にある人間の神話」(注2)で解説している人間の自由と想像力の話を思いおこしてみよう。オルテガはこの短い講演録の中で、人間の自由とは、動物などがもつ本能的思考と人間のみがもつ想像的思考の選択の自由こそが、本当の人間の自由であり、これらを正しく選択する人間が優雅(エレガント)な人間であるとしている。また、この想

(2)『哲学者の語る建築——ハイデガー、オルテガ、ペゲラー、アドルノ』中央公論美術、二〇〇八年所収。

像的思考こそが自分の内面に関心を払うことであり、人間の自由の源泉であるとしている。このことを価値観としてとらえるならば、最初の図6-1にあるように、この人間の選択とは、共同体の価値観（すなわち、本能的思考）と個人（すなわち、自分の内面）の価値観（すなわち、想像的思考）において良き選択ができる人こそ、優雅な人、そして、知的（インテリジェント）な人としている。

ここで、想像性と創造性という二つの同音異義語が出てくるが、私は本章では、その意味が示すように、自己の中で想像したものを想像性、共同体での価値観と比較して選択した結果を創造性と呼んでいる。すなわち、私たちはさまざまな価値観の共同体に同時に存在しているが、創造性とは、これら共同体の価値観から自然に生まれるものではなく、必ず、自己という個人の内面に存在する想像性を通じて創造されるものであると考えることができる。改めて、図6-1を図6-4のように書き換えてみよう。共同体の価値観とは、それ自体には想像・創造する機能はなく、既存のあるいは社会通念としての価値観を提示しているのみである。そこに、個人が共同体の価値観とは違った視点で想像性を働かせ、共同体に新たな創造を生み出すと考えることができる。そして、それは、違う用語を用いれば、社会一般の価値観、すなわち、「客観的認識」あるいは「理性」に対して、自己に内在する想像性、すなわち、「主観的認識」あるいは「非理性」を

図 6-4 理性と非理性

共同体 1　本能的思考（理性）

｜

個人 A　想像的思考（非理性）

意識するということにほかならない。創造性とは既存の概念を打ち破ることなどといわれることがあるが、その源泉は自己の中に内在する想像性にあるのである。そして、その「非理性」すなわち想像性の中から、正しく選択されたものを創造性、あるいは、創造の産物と呼ぶことができる。ここで、なぜ、「理性」、「非理性」という用語を用いたのかは、後ほど、解説する。

5. 弱い創造性と強い創造性

このように、創造性とは自己に内在する想像性と共同体の価値観との相違により生まれることが理解できた。それでは、実際に創造性が生まれる、あるいは育まれる社会とはどのようなものであろうか。一番、単純には、図6-2に示すような社会である。

ここでは、個人Aは共同体1、2、3に同時に属している。そして、たとえば、共同体1の価値観に影響された個人の価値観をもちつつ、共同体2や3の価値観に対して想像性を働かせ、新たな創造性を生む場合である。この場合、共同体1での影響は、過去におこった経験でも構わないかもしれない。自己の価値観が、その人の人生経験により影響されていると考えると、多くの経験を有する人が創造性を生む可能性が高いことが示唆される。しかし、そこでの経験とは、つねに自己の価値観と、共同体の価値観を俯瞰的に考察したという経験が重要であろう。仮にこのような社会の創造性を、〝弱い創造性〟と呼び、より一般的な創造過程としよう。それとは対照的に〝強い創造性〟は図6-1で表現される社会で生じる。

図6-1は、個人Aの内在する想像性が、直接、共同体1の価値観にあらたな創造性を生むという場合である。この図の個人Aのような人は、俗に天才と称される人であろう。想像力豊かで、新たな発想から、さまざまな創造性を生み出す人のことである。改めて、創造性とは共同体の価値観に変化を与えるものであるが、ここで、弱い創造性と呼んでいるのは、他の共同体の価値観を用いて、当該共同体に変化を与えるものである。一方で、強い創造性とは、自己の想像性が、当該共同体に変化を与えるものである。

しかしながら、これまで議論してきたように、個人の価値観（つまり、それに内在する想像性）は、生まれながらに存在するというよりは、生きる中でのさまざまな経験、すなわち、さまざまな共同体の一員として、その共同体の価値観と自分の価値観を、ときには葛藤しつつも、俯瞰的に考察した経験から形成されているとすると、強い創造性も、実は、弱い創造性の一部とみなすことができる。言い換えれば、弱い創造性であっても、必ず自己の価値観を通じ、そこに内在する想像性を経由している。つまり、ここで、弱い創造性、強い創造性と呼んでいるどちらの創像性も、結局は人々の経験の中で形成された自己に内在する想像性こそがその起源である。そして、単に人生経験を積み重ねた人が創造的であるというよりは、普通に生きていても自分の所属する共同体の価値観との違いを感じる、あるいは、意識すること、そして、自己の価値観と共同体の価値観を俯瞰的に思考することが、この自己に内在する想像性に大いに影響しているということである。

6．理性でとらえる価値の限界

ここまで、私たちの価値観を、自己の価値観と共同体の価値観にわけ、自己の中に内在する想像性をうまく引き出すことで、共同体において創造性が育まれるという解釈を紹介した。そこでは、多様な価値観、つまり、いろいろな共同体に属した経験こそが、自己の価値形成において大変重要であること、そして、共同体の価値観と自己の価値観を俯瞰的に思考することこそが、自己の想像性の基本であり、そのような想像性を有する個人を有機的につなげる社会こそ、多様性を有すると同時に創造性を育む社会であると考えてきた。ここで、改めて、社会において創造性が生かされるとはどういうことかを考えてみたい。

オルテガは、本能的思考と想像的思考の良き選択こそ、エレガントであると考えた。単純に考えるならば、既存の社会の価値観、あるいは、それによって形成されている社会的制度や仕組みに対して、課題を見つけ出し、その解決方法を導き出すことこそ、創造的発想ということとなる。そして、その解決方法により改善された社会により、私たちが満足した状態を、良き社会であるととらえることができる。本書でも、一貫して、この主張が繰り返されることとなる。本章では、この創造性を育む社会を生む出すためには、多様性が重要であること、そして、個人の価値観を有する人の自己に内在する想像性がその源泉であることを解説した。

しかし、いま一度、社会に対しての課題の把握、そして、その解決方法を導入する際に考えるべきことがある。それは、私たちがさまざまな物事の価値を正確に把握できているかという問題である。理性とは通常「物事の道理を理解する」こととして説明できる。つまり、私たちが共通に有している共同体の価値観とは、ある意味で客観的であり、説明可能、あるいは理解可能なものであろう。この意味で、わたしは理性という用語を用いている。一方で、非理性とは、そのような客観的な説明や理解そのものも不可能だが、主観としての価値、あるいは、よく分からないが、大切、大事であるようなものであると考えている。この意味で非理性という用語を用いている。

もういちど、図6-4を見直して、図6-5のように書き換えてみよう。共同体の価値観を客観的思考（理性）、自己の価値観を主観的思考（非理性）としている。このように考えれば、個人の主観的思考の中に想像性の源泉があり、社会に創造性を生むことがより理解できると思う。しかし、ここでのポイントは、物の価値に対して、客観的理解が十分に可能なのかという点である。もし仮に、物の価値の見方が十分でない場合、私たちの主観的思考による価値の重要性が増してくる。それは、共同体の価値観における課題とは、本当の意味での課題なのか？という非理性への問いかけとして具現化される。非常に抽象的で分かりにくいため、例を用いて説明してみよう。

たとえば、歴史に育まれた伝統的な行為などは、現代社会では非効率的であると判断されがちである。しかし、私たち現代人の共同体の価値観においてそれが

図 6-5 主観的思考と客観的思考

共同体 1	客観的思考（理性）
｜	
個人 A	主観的思考（非理性）

正確に評価されていないだけであるかもしれない。この共同体の価値観（理性）における判断は、当然、主観的思考（非理性）にゆだねられなければならない。このことは、普段の生活の中で、私たちは十分に理解できていると思う。食事の前に「いただきます」と手を合わす行為、これを時間の無駄だからやめようと提案する人はいないであろう。つまり、理性により判断される課題抽出そのものが、正しいとはいえない場合があるということである。すなわち、すべての創造的行為が必ずしも正しいわけではない。

このような間違いを避けるために私たちが意識すべきことは、理性で判断される事実に関して、いまいちど、非理性に問いかけてみることであろう。そして、明らかに課題と認識されていたとしても、その改善策を実施するときには慎重になることを忘れないということであろう。つまり、価値を基準にさまざまな行為をする場合、私たちが価値の認識において万能ではないということに気づくべきである。本当に良き選択をする上では、私たちはより主観的思考（非理性）を大切に考えなければならない。

最近の社会学では国際政治学者ピーター・ハース（注3）が唱えた、認識共同体という言葉がよく用いられる。認識共同体とは同じ価値観をもつ集団であり、そこに属していると自分たち以外の人の意見を聞かなくなる、つまり、他の価値観に理解を示す行動がとれなくなるものをさす。インターネットが地球上を覆い、あらゆる情報が瞬時に選択可能となった時代、私たちは、自分の価値観に合わない情報は避け、心地よい情報のみに接することが多い。つまり、現代社会とは、容易にこの認識共同体に陥りやすい状況に

（3）Haas, P. M.（ed.）, Knowledge, Power and International Policy Coordination, University of South Carolina Press, 1997.

ある。このような認識共同体では、その中の個人が想像性を発揮することは限定的にならざるを得ない。より高度な情報化社会でこそ、この非理性に問いかけることの重要性が増してきている。

7. おわりに

本章では、良い社会、あるいは、価値ある社会を考えるうえで、個人の価値観の形成、個人と共同体の価値観の相違、あるいは、多様性と想像性・創造性の関係、そして、非理性の重要性を説明した。これはあくまで価値に関する思考方法の例であり、一般性があるわけではない。しかし、最終的には、私たちの非理性、つまり、「なんとなく違和感がある」、「すこし受け入れがたい」、「好きになれない」など、自己に内在する想像性を意識することこそ、最終的な良い判断、創造性につながるということを説明したつもりである。このようなことは誰しも経験したことがあるだろう。その非理性を大事にすると同時に、私たちの理性的な理解には限界があるということも意識する必要があるということである。価値を想像するうえで、このような思考法が少しでも役に立てば幸いである。

第3部

価値創造の実践

第7章

拓く――価値の創造と再生を導くイノベーション

忽那憲治・坂井貴行

1. はじめに

企業は顧客が抱える悩みや課題を解決し、期待や望みを実現し、顧客に対して価値を創造することを目的に活動をしている。顧客に対するこうした価値創造の貢献に対する対価が、事業的には企業にもたらされる利益であるといえる。もちろん、利益をもたらすことが困難ではあるが、大きな価値創造に貢献するような社会的側面が強い事業があることも事実である。ただ、通常、企業は価値創造に貢献しながら利益を上げ、その利益をさらなる持続的な成長へと再投資することが求められる。

しかし、残念ながら、日本企業の本業の収益性は低い。財務省の「法人企業統計」によれば、金融を除く全産業ベースで、執筆時点で最新のデータである二〇一八年度の総資本営業利益率（当期末ベース）は、零細企業（資本金一千万円未満の企業）で2・3パーセント、中小企業（資本金一千万円以上一億円未満の企業）で3・0パーセント、中堅企業（資本金一億円以上十億円未満の企業）で5・3パーセント、大企業（資本金十億円以上の企業）で4・1パーセントである。企業数ベースでは日本企業の大半を占める中小・零細企業の本業での儲ける力はわずか2～3パーセントにすぎない。大企業でさえ、4パーセント程度の利益率の水準である。

これは、日本の企業が、顧客に対する価値創造を十分にできなくなっている現状を意味する。儲ける力を失ったビジネスモデルの再構築、コロナ禍での人々の悩みや課題、期待や望みに応えることのできるビジネスモデルの再構築が、顧客に対する価値創造のために喫緊の課題となっている。

これまで日本企業が取り組んできた価値創造のアプローチの仕方から、これまでとは大きく異なるアプローチで「新しい価値」を創造するあり方へと重点を移すように、ビジネスモデルの転換を図る必要性がある。本章では、三つの視点で、これまで中心的であった価値創造のアプローチとは異なる新しい価値創造へのアプローチを捉え、そうした価値創造の実践に取り組む企業の興味深い取り組みを紹介する。

2. 価値創造のアプローチの多様性

2・1 持続的イノベーション

本節では、ハーバード大学ビジネススクールのクレイトン・クリステンセンが提示した、既存の主流顧客をより満足させるための性能向上による価値創造である「持続的イノベーション」をベースにして、その方向性とは異なる新しい価値の創造へのアプローチを三つの視点で考えてみたい（注1）。

まず、持続的イノベーションとはどのような価値創造の取り組みなのかを簡単に振り返ることにしよう。持続的イノベーションとは、性能を向上させるイノベーションであるが、重要な点は、主流を占める既存の顧客を対象にして、より一層の性能の向上に取り組むものである。こうした持続的イノベーションには、性能の向上が緩やかな「漸進的イノベーション」と、性能の向上が急激な「急進的イノベーション」がある。既存の主流顧客により満足してもらうために性能の向上を追求する持続的イノベーションは、これまで日本企業が最も得意としてきた改善型のイノベーションのアプローチといえる。

図7-1に示すように、企業が提供する製品・サービスに対する顧客における重要な評価軸としての性能は、企業の絶え間ない努力によって時間とともに改善する。その性能の向上が緩やかな場合（漸進的イノベーション）もあれば、急激な場合（急進的イノベーション）もある。しかし、同図に点線で示すように、その製品・サ

図 7-1 持続的イノベーション

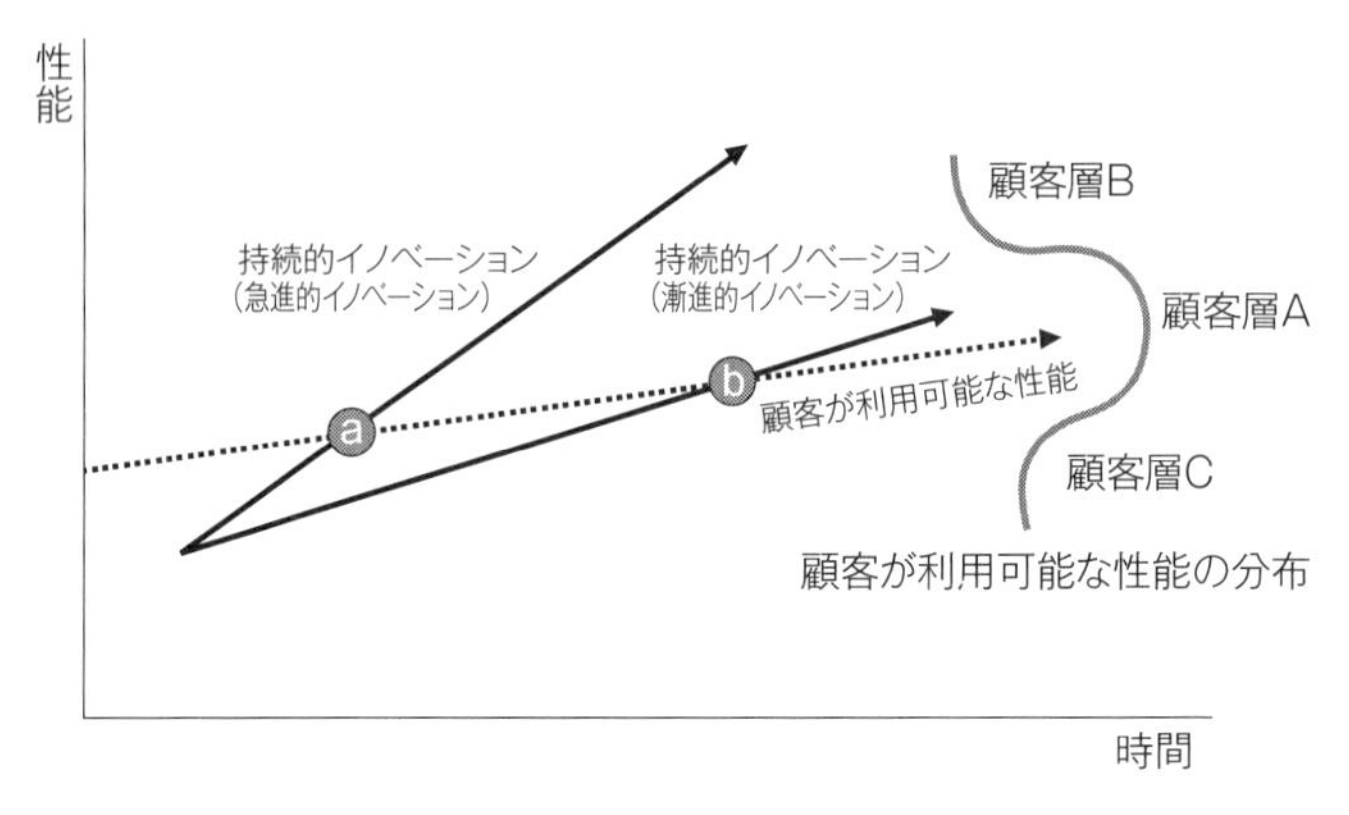

出所：クリステンセン、レイナー『イノベーションへの解』翔泳社、2003年、38ページに加筆修正

ービスを利用する顧客が利用可能な性能のレベルは、時間とともに緩やかには改善するが、企業の性能改善のスピードはそれを上回り、どこかの時点で平均的な顧客層が利用可能な性能のレベルを上回ることになる。企業がイノベーションへの取り組みにおいて実現した性能の向上は、a点およびb点で平均的な顧客層Aが利用可能な性能の水準に達することになる。

もちろんこれは同図に顧客が利用可能な性能の分布として示しているように、平均的な顧客層Aにとっての性能を意味する。顧客は多様であり、もっと高い性能を利用可能な顧客層Bにとっては、a点およびb点で企業がイノベーションへの取り組みにおいて実現した性能の向上はまだ満足には至らない一方で、顧客層Cにとっては既に過剰な性能の水準になっていることを意味する。

しかし、顧客が利用可能な性能のレベルを上回るイノベーションを実現したからといって、企業は主流の既存顧客を無視して性能改善の取り組みを止めることはできず、さらなる性能の向上による既存顧客を満足させることに取り組まざるをえない。クリステンセンが指摘した「イノベーションのジレンマ」の状態である。

皆さんの周りにある製品・サービスを目に浮かべていただきたい。企業が提供する新製品や新サービスの性能向上が、自身にとってあまり魅力的な（満足度を高める）ものとはいえないレベルの性能向上に既

(1)本章で紹介しているクリステンセンのイノベーション理論の枠組みについては、以下の二冊に主として依拠している。クレイトン・クリステンセン『イノベーションのジレンマ』翔泳社、二〇〇一年。クレイトン・クリステンセン、マイケル・レイナー『イノベーションへの解』翔泳社、二〇〇三年。

に達していると感じるならば、企業によるそのアプローチ（持続的イノベーション）による価値創造は、既に十分な価値を顧客に提供していない取り組みになっている可能性が高い。解像度が高まるテレビやデジタルカメラ、多様な機能が埋め込まれたリモコン機器や携帯電話など、平均的な顧客層が利用可能な性能の水準を大きく超えたところで繰り返されているような持続的イノベーションが多くなっているとすれば、そうしたアプローチでの価値創造は既に限界に近づいていると考えられる。

2・2 破壊的イノベーション（ローエンド型破壊）

上で見た価値創造のあり方、すなわち持続的イノベーションによる価値創造ではもはや顧客の満足を得られず、こうしたアプローチとは異なる、新しい価値創造へのアプローチが現在求められているといえる。それは、クリステンセンが呼ぶ、既存の主流顧客で構成される市場以外で、非主流の顧客に受け入れられるように仕掛ける「破壊的イノベーション」である。

破壊的イノベーションには二つのアプローチがあり、その一つが、既に提供されている性能自体が平均的な顧客層Aにとっては過剰となっており、そぎ落とした性能でローエンドの顧客層Cを対象にイノベーションを仕掛ける価値創造へのアプローチである。持続的イノベーションとは異なり、主流の既存顧客を対象とするのではなく、非主流の顧客を対象とする破壊的イノベーションの中の一つのタイプである「ローエンド型破壊」である。

図7-2の時間tにおいては、持続的イノベーションが取り組む性能の向上であるc点は、既に平均的

な顧客層Aにとっては過剰な水準であり、きわめて高い性能を望む少数のハイエンドの顧客層Bにとってのみ魅力的な取り組みとなっている。こうした状況の中で、平均的な顧客層Aが望むよりもかなり劣る性能ではあるが、そうした性能でも魅力的と感じる顧客層Cをターゲットにして、d点で静かにイノベーションを仕掛けるアプローチである。この時点では性能は大きく劣るが、改善を重ねていくうちに、e点では平均的な顧客層Aが望むような性能レベルをはるかに安価な価格で実現し、結果として多くの顧客を既存のリーディング企業から奪い取る、まさに「破壊的」イノベーションとなる可能性がある。

ローエンド型破壊のアプローチとしては、たとえば、象印やタイガーといった業界のリーディング企業が提供する高機能を備えた湯沸かしポットの市場に、単純な湯沸かしの機能のみの製品を投

図 7-2 破壊的イノベーション

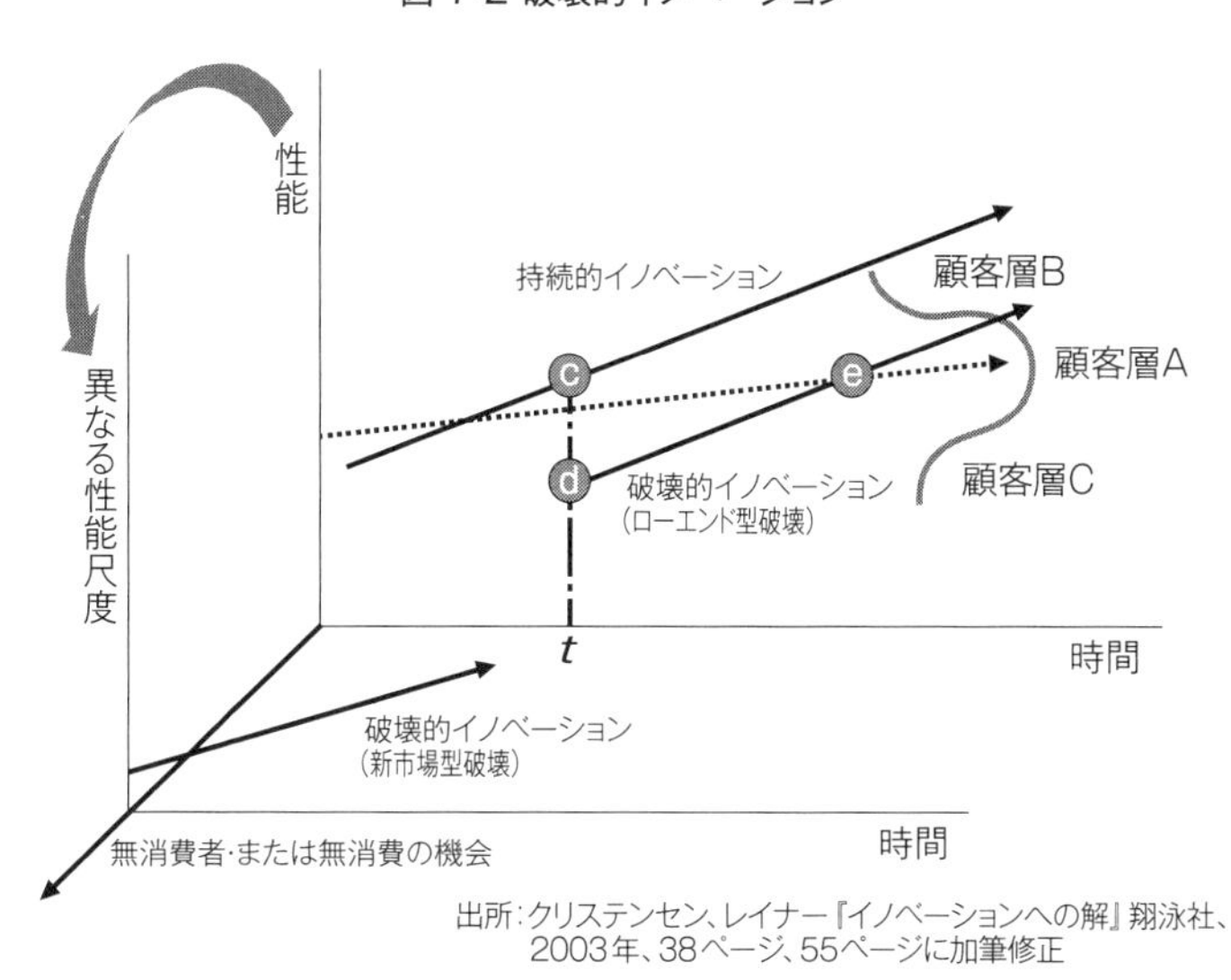

出所：クリステンセン、レイナー『イノベーションへの解』翔泳社、2003年、38ページ、55ページに加筆修正

入したT-falや、髪を切る以外のさまざまなサービスとともに環境・空間を充実させるカットサロンに対して、髪を切るだけのサービスを提供するQBハウスなどのアプローチが該当するといえよう。このほか、20万円程度の低価格が発売当時に大きな話題になった、インドのタタが発売した小型車のナノも、こうしたタイプのイノベーションといえるであろう。

2・3 破壊的イノベーション（新市場型破壊）

破壊的イノベーションのもう一つのアプローチは、これまでの製品・サービスが主流の既存顧客に対して重視していた性能の軸とは異なる軸を提示する価値創造へのアプローチである。これは、非主流の顧客を対象とする破壊的イノベーションの中のもう一つのタイプである「新市場型破壊」である。図7-2に示すように、既存の主流顧客を対象に展開する持続的イノベーションとは性能尺度の軸をずらした領域でイノベーションの展開を試みるアプローチである。

典型的な例としては、デジカメが登場するまでのフィルムのカメラは、画質という性能の軸でイノベーションが展開されてきた。そこに、画質ではなく、現像不要、電送可能という新たな価値尺度を設定して登場してきたのがデジタルカメラである。こうした新しい価値尺度の軸をカメラ市場に提示したことで、美しい画質の写真を撮りたいという既存の主流顧客とは異なる、カメラ市場においては非主流の顧客が、カメラに関心がないので使わないという「無消費」という状態から、デジタルカメラを利用する消費へと参入してきた。現場の状況を写真で数多く保存する必要のある建設現場の人たちや、取材で撮影した写真を編集デスクに送る必要のある記者など、綺麗な画質の写真を撮ることを望むようなこれまでのカメラの主流顧客とはあきらかに異なる人たちである。

新たな価値尺度を設定することによって、これまでの非主流の顧客を市場へと巻き込むイノベーションは、既存の主流顧客を重視する必要のない、スタートアップ企業やその業界でのリーディング企業ではない会社が得意とするイノベーションであり、まさに既存のリーディング企業を破壊するようなイノベーションにつながる可能性がある。

無消費の原因となるバリアや制約について、スコット・アンソニーほかは四点を挙げている(注2)。第一は、有益な解決策が市場に存在していても、無消費者が利用するために必要なスキルを持ち合わせていないというスキルの問題である。第二は、購入する資金をもっていないという資産の問題である。第三は、置かれている状況や場所からは入手できないというアクセスの問題である。第四は、利用するには時間がかかるために利用しないという時間の問題である。つまり、スキル、資産、アクセス、時間という四つの視点から無消費となっている原因を探り、それを解決するための新しい価値尺度を提示するイノベーションを設計すれば、無消費者を取り込む魅力的な価値創造が設計できる可能性が高い。

(2)スコット・アンソニー、マーク・ジョンソン、ジョセフ・シンフィールド、エリザベス・アルトマン『イノベーションへの解 実践編』翔泳社、二〇〇八年。

2・4 無価値再生イノベーション

第三のアプローチは、上の二つの破壊的イノベーションとも異なる、そもそもこれまでは価値がないと思われていたものに価値を与える形での価値創造へのアプローチである。「無価値再生イノベーション」と呼ぶことにしよう。

農業や漁業の第一次産業を例に、無価値再生イノベーションについて考えてみよう。主流顧客により満足してもらうために改善に取り組む通常のタイプのイノベーション（持続的イノベーション）が、形の綺麗な野菜をいかに生産し販売するかという取り組みだとすれば、新しいタイプである無価値再生イノベーションというアプローチは、変な形をした野菜で通常は廃棄されてしまうような、価値がないものと考えられていた野菜に価値を与えようとする取り組みといえる。

漁業でいえば、世界的に高い人気があり高価な、しかし絶滅の危惧があるクロマグロを最先端の技術を用いた養殖によって生産・販売しようとする近大マグロが前者の価値創造の取り組みだとすれば、未利用魚の活用は、水揚げされても流通することなく見捨てられていた魚に価値を見出す、新しい価値創造の取り組みといえる。

こうした第三のタイプのイノベーションの概念図を示すと図7-3となる。先の農業の例でいえば、「形が綺麗」という性能の軸では、ゆがんだ形をした野菜というのは、持続的イノベーションが対象としている性能の水準ではなく、破壊的イノベーション（ローエンド型破壊）が対象としている性能の水準でさえもない、無価値に近いきわめて低いレベルでの価値創造への取り組みといえる。つまり、時間 t において、持続的イノベーションが対象とするc点や、破壊的イノベーション（ローエンド型破壊）が対象とするd点の性能水準でもなく、それらよりもはるかに下のf点での価値創造へのアプローチである。

高い性能によって高い価格が付く＝価値創造と短絡的に考えてはいけない。価格が付かず無価値と思われていたものに価値を与える価値創造も可能であり、今後はこうしたアプローチによる価値創造も重要となることを認識する必要がある。国連が設定した17のＳＤＧｓ（持続可能な開発目標）が話題になることも多くなってきたが、先に例としてあげた農業や漁業の領域における取り組みを見るだけでも、無価値再生イノベーションは、つくる責任、つかう責任（目標12）、気候変動に具体的な対策を（目標13）、海の豊かさを守ろう（目標14）、陸の豊かさも守ろう（目標15）など、さまざまな目標に貢献できる価値創造につながる可能性が高い。

図 7-3 無価値再生イノベーション

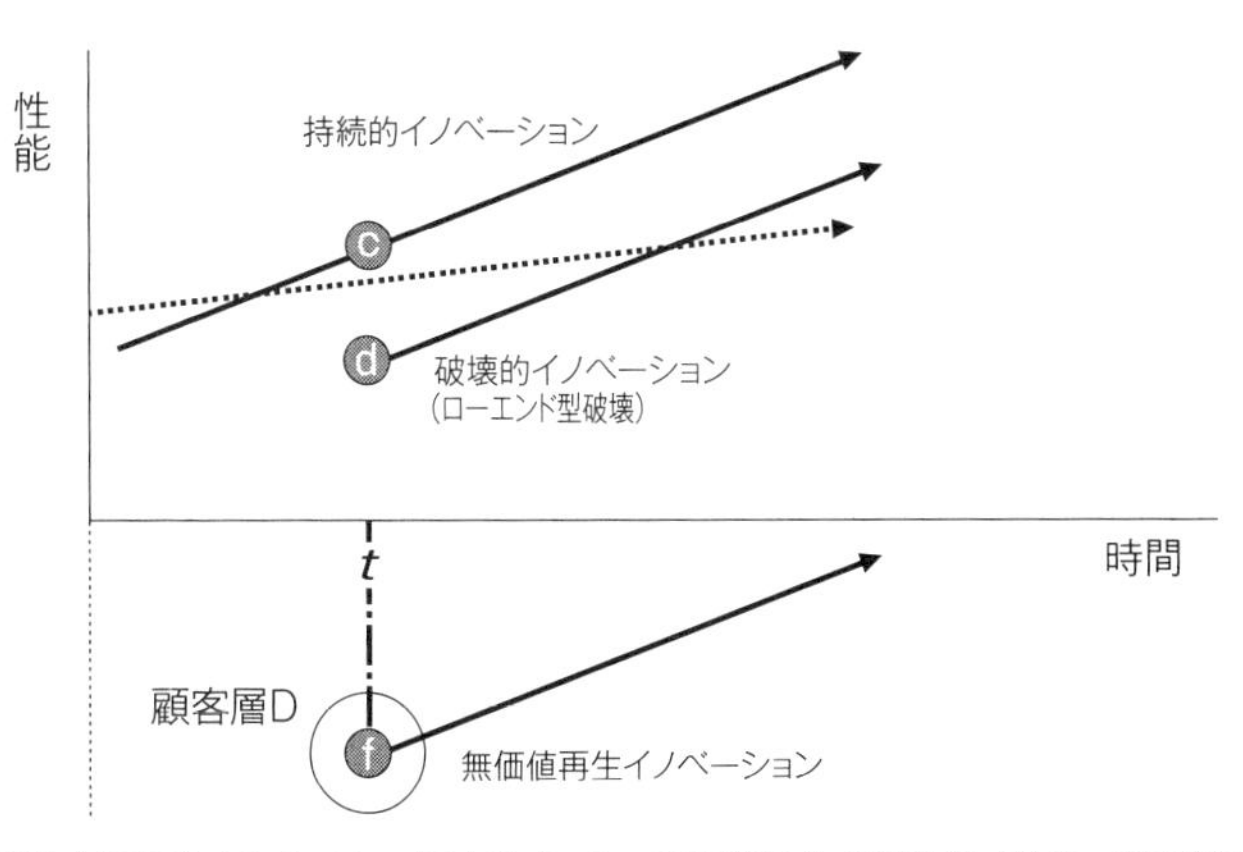

出所：クリステンセン、レイナー『イノベーションへの解』翔泳社、2003年、38ページに加筆修正

3．新たな価値創造のための価値設計とビジネスモデル

持続的イノベーションに代わる新しい価値創造の実践には、新しいアプローチの可能性を探る価値創発のプロセスに加えて、価値設計の視点が重要であり、どのようなビジネスモデルによってそれが実現可能となるかを考える必要がある。

本章では、新しい価値創造へのアプローチとして三つ提示したが、第一のアプローチである破壊的イノベーション（ローエンド型破壊）を実現するためには、ローエンドの顧客層を取り込み、彼らに対して低価格の製品・サービスを提供するためのビジネスモデルが必要となる。第二のアプローチである破壊的イノベーション（新市場型破壊）を実現するためには、無消費に留まっている顧客層を取り込み、彼らに対して新しい性能の軸での製品・サービスを提供するためのビジネスモデルが必要となる。第三のアプローチである無価値再生イノベーションを実現するためには、これまで価値がないと思われていたものに価値を与えるために、仕入れ先や販売先のシステム全体を再設計するビジネスモデルが必要となる。

本節では、無価値再生イノベーションを実現するビジネスモデルの設計について、未利用魚を用いた価値創造のための価値設計を例に考えてみることにしよう。

図7-4の左（ビジネスモデル1）は、通常の流れのレストラン事業のビジネスモデルを示している。レストランは料理の材料の魚を「市場」で仕入れ、調理して消費者にサービスを提供する。これが通常のレストランのビジネスモデルであり、レストランが食材である魚を漁師から直接購入するのではなく、そ

の間には市場がある。東京でいえば、たとえば豊洲市場である。

　市場がレストラン事業のビジネスモデルに組み込まれることで何が生じるだろうか。市場を通した取引には多くのメリットが存在する。そのメリットがあるからこそ、長い歴史を掛けて市場のシステムができあがり、今なお機能している。レストランの経営者は市場に行けばさまざまな魚の材料を仕入れることができ、素材ごとに提供者である漁師と交渉する必要はない。

　一方で、デメリットもある。市場で取り扱われる材料は、基本的にはある一定量が安定的に提供される必要がある。逆にいえば、少量だけ、ある日だけといった材料は、市場というシステムのもとでは取り扱うことが難しい。つまり、何が、いつ、どれくらい採れるか分からない未利用魚を通常の市場で取り扱うには限界がある。

　他方、同図の右（ビジネスモデル2）は、未利用魚に価値を与えようとしたときに求められる、新しい流れのビジネスモデルである。そこには市場が組み込まれていない。未利用魚を既存のビジネスモデル1にある市場を通して取引するのは基本的には難しい。それでは、市場を組み込まないビジネスモデルを構築するためには何が必要だろうか。

　第一に、漁師が未利用魚を含めて取り扱うことに同意して、レストラン側に

図 7-4 レストラン事業のビジネスモデル

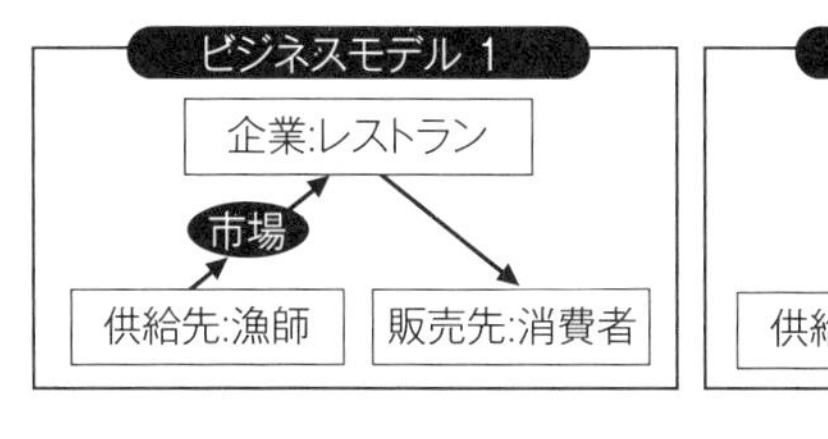

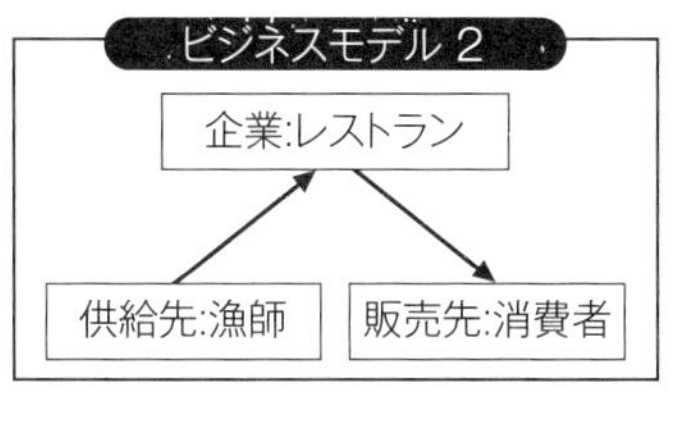

提供する必要がある。第二に、未利用魚を使ったメニューの開発など、レストラン側も提供する料理・サービスを新たに開発する必要がある。また、当然ながらそうした料理・サービスを提供することで消費者に満足してもらえるように、消費者との良好な関係を築く必要がある。第三に、消費者も見慣れない魚を使った料理に対して違和感をもつのではなく、消費することを受け入れる必要がある。

つまり、図に示す二つのビジネスモデルの間には、市場が存在するかどうかの違いしかないが、企業（レストラン）にとってはビジネスモデルの大幅な転換が必要である。くら寿司の「一船買い」は、漁師が水揚げした魚はすべて買い取ることを保証することによって、市場では流通しないような、まさにこれまでは無価値であった未利用魚に新しい価値を創造する試みといえる。このほかにも、捕れた未利用魚（一次産業）を独自性のある商品に加工し（二次産業）、販売する（三次産業）という、いわゆる6次化のアプローチは徐々に進んでいる。たとえば、オープンシティ釜石の「未利用魚×6次産業化」などがその一例であろう。

次節では、新しい価値の創造への三つのアプローチについて、ローエンド型破壊で新たな価値を創造する企業としてナインアワーズ、新市場型破壊で新たな価値を創造する企業としてロック・フィールド、無価値再生イノベーションで新たな価値を創造する企業としてタベモノガタリの三社を取り上げ、イノベーションの実践の視点とビジネスモデルを紹介する。

4．ローエンド型破壊で価値創造するナインアワーズ

シンプルかつ機能美が溢れる洗練されたデザイン、自然光が降り注ぐ開放的なラウンジスペース、カプセルホテルとは想像できない近未来を連想させるデザインの建物は、「ナインアワーズ博多駅店」である。二〇二〇年九月一四日に福岡県福岡市博多にオープンした。建築家の芦沢啓治が建築・設計を担当し、スマートチェックインシステム、各種キャッシュレス決済、ＡＩによる顔認証システムも兼ね備えている。新型コロナ感染症対策では、エントランスにサーモカメラを設置した体温チェックも取り入れ、スピーディなチェックイン・チェックアウトとフロントの業務を効率化することで、非対面接客で顧客や従業員の感染リスクを低減させている。

ナインアワーズは、従来のカプセルホテルとは一線を画した斬新なデザインで話題のカプセルホテルである(注3)。二〇〇九年京都に第一号店がオープンして以降、東京、大阪、福岡、名古屋、仙台など16店舗まで拡大し、従来のカプセルホテルにはない新たなコンセプトや価値観を提供している（京都店は二〇二〇年五月事業再構築のため閉館）。コロナ禍以前は、洗練されたデザインがインバウンドの宿泊客にも好評で、人の往来が多い駅や空港でも気軽に一時利用できる宿泊インフラとしてのトランジットステイ機

(3)ナインアワーズについては、同社ホームページ https://ninehours.co.jp/、「事業を構想し実践する「ビジネスデザイン」」(『事業構想』二〇一八年九月号)、「トップが語るイノベーション」(『日経クロストレンド』二〇一八年八月二日)、「水曜インタビュー」(『ITmedia ビジネスオンライン』二〇一九年二月二七日) を参考して記載している。

能としても利用され、カプセルホテルの新たな利用価値を提供している。

ナインアワーズの事業コンセプトは、出張や旅行、残業など、都市の宿泊に必要な機能とは、古い一日から新しい一日へのリセットであると定義し、「1h（汗を洗い流す）＋7h（眠る）＋1h（身支度）」というシンプルな三つの宿泊の基本行動に特化した。その行為を時間に置き換え「ナインアワーズ（9hours）」と名付けられた。このシンプルな概念をもとに、余分なものをすべてそぎ落とし、都市生活にジャストフィットする宿泊の機能と、世界に類を見ない新しい滞在価値を提供している。

そもそもカプセルホテルの起源は、一九七〇年に大阪で開催された国際博覧会（大阪万博）にさかのぼる。建築家の黒川紀章が大阪万博において提案したカプセル住宅のアイデアをもとに作られた、ニュージャパン観光の中野幸雄が経営するカプセル・イン大阪（東梅田）が発祥だといわれている。当時の日本は高度経済成長期であり、残業で終電を逃したサラリーマンで繁盛していたようである。時代が移り変わり、カプセルホテルをあまり利用しない人にとっては、カプセルホテルには安宿特有の場末感が漂い、閉鎖的な空間に出張や終電を逃したサラリーマンが宿泊しているというようなイメージが定着するようになった。

ナインアワーズは、この従来のカプセルホテルのイメージを刷新し、一般的なカプセルホテルにありがちなカップラーメンやビールの自動販売機、テレビや雑誌などを取り除き、眠るだけに特化した新しいカプセルホテルの形を構築した。この新しい形態は、オフィス街や空港からのアクセスの良さ、近未来を連想させる洗練されたデザイン性でも注目された。北新宿店などの店舗では、コロナ禍以前は外国人旅行者や女性、若い世代が宿泊客の大半を占めるなど、サラリーマンが主流であった従来の顧客セグメンテーションから大きく変化している。これまでのカプセルホテルが「終電に乗り遅れたサラリーマン」にサービスを提供していたことに対して、外国人旅行者、女性、若い世代を対象に破壊的イノベーション（ローエンド型破壊）を展開したといえるだろう。

創業者の油井啓祐は、どのような紆余曲折を経て、現在のナインアワーズにたどりついたのであろうか。当初、油井は、父が経営していたカプセルホテルについて、ネガティブな印象しかもっていなかった。大学卒業後は、父の仕事に興味をもつこともなく、ベンチャーキャピタル大手のジャフコに就職する。ベンチャーキャピタリストとしてＩＴやバイオ系のベンチャーへの投資業務を担当し、日本から世界に通用するベンチャーを育成することを目標に、やりがいのある日々を送っていた。

しかし、一九九九年の父の急死で状況は一転する。父が経営していた秋葉原にあったカプセルホテルを引き継ぐためジャフコを退社し、はじめて父の会社の財務諸表を見ると、五億円もの負債に対してキャッシュが一千万円ほどしかない危機的状況であることが判明した。まさに三年後には破産という状況であった。負債の原因は、父がバブル経済のときに、ホテル改装費用を銀行から借り入れたことであった。周囲から相続放棄を進められたが、結局、父の残してくれたカプセルホテルを捨てきることができず、父の遺志を継いで、債務を含んで事業を相続する決断をする。

事業を相続した油井は、まずインターネットを通して、外国人や女性といった顧客セグメントにアプローチする。これまでのカプセルホテルの基本的な集客方法であった看板広告や交通広告、チラシ配りを廃止し、インターネット予約などを行うことで、新しいマーケットへの掘り起こしを試みた。そのなかで外国人のもつカプセルホテルに対するイメージは、日本人のそれではなく、「コンパクト、クール、クリエイティブ」といったイメージであることに気づく。ターゲットの顧客セグメントを変更することで、売上は三年間で二倍以上に増え、最高益、最高宿泊人数を達成する。

時を同じくして油井は、カプセルホテル事業そのものの再構築のために、デザイナーとともに三年以上の時間をかけて、新しい宿泊業に必要なサービスは何か、本当の豊かさとは何かといった議論を重ね、そこから「1h（汗を洗い流す）+7h（眠る）+1h（身支度）」の新しいコンセプトとネーミング「ナインアワーズ（9hours）」が生まれた。

一号店となった京都店では、カプセルホテルという概念を捨て、上記の9時間の機能に特化したミニマムなサービスを提供した。また、白を基調とした洗練した空間デザインと、寝具やアメニティの品質に徹底的にこだわり、快適性を生み出した。さらに、生体に合わせて光量をコントロールするなど、良質な眠りにこだわったサービスを提供した。これらの取組は、国内外で好意的に受け止められ、二〇一〇年度グッドデザイン賞金賞を受賞するなど、国内外で高い評価を得ている。

油井は、ナインアワーズを単なる新型デザイナーズ・カプセルホテルではなく、都会のインフラとしての「スリーピング・ハブ」であると述べている。今後さらに店舗数の拡大を図り、都市型トランジットサービスの地位を確保することや、海外市場への進出も視野に入れている。ナインアワーズの新ブランド「ドシー（℃）」は、サウナを原点から見直し、本場フィンランドのあり方をベースに、日本らしいクリーンで気持ちの良いサービスに再定義することで、これまでサウナにあまり縁のなかった若年層や女性にとっても楽しめる空間となっている。

5. 新市場型破壊で価値創造するロック・フィールド

デパートの地下食品売場などで、新鮮なサラダを中心とした総菜を中心に和・洋・アジアの総菜ブランドとして全国展開するロック・フィールドは、日本において「中食」という市場を切り拓いた先駆者である(注4)。レストランなどに出かけて食事することを外食、家庭で手作りの料理を食べることを内食と呼び、中食とは、物菜店やコンビニエンスストア、スーパーなどで弁当や惣菜などを購入したり、外食店のデリバリーなど家庭外で商業的に調理・加工されたものを購入したりして食べる形態のことをいう(注5)。ロック・フィールドは、外食や内食などの既存顧客に対して、彼らが重視していた性能の軸とは異なる「中食」という軸を提示して、破壊的イノベーション(新市場型破壊)を起こした。

ロック・フィールドの創業者である岩田弘三は、一九四〇年に神戸元町で生まれた。中学卒業後、定時制高校に通いながら日本料理店で修行し、その後一九六五年に神戸市内に欧風料理店レストランの「フック」を開業する。一流シェフがいる行列店へと成長し、開業から五年経った一九七〇年に欧米への視察旅

(4)「HISTORY 暮らしを変えた立役者」『日経MJ』二〇一九年一月九日〜二〇一九年四月五日。
(5)財団法人外食産業総合調査研究センター『外食産業統計資料集2008年度版』二〇〇八年。

行の機会を得る。滞在先のドイツ、イタリア、ロンドン、ニューヨークで、ソーセージやハムなどの持ち帰り用の総菜を売るデリカテッセンという業態に出会う。テイクアウトする料理は、レストランの味に引けをとらないレベルであることに感動し、帰国後、日本でデリカテッセンを広めようと決意する。

一九七二年に岩田の姓を岩（ロック）と田（フィールド）と訳したことから名付けられたロック・フィールドを創業し、神戸大丸の地下に西洋風デリカテッセン一号店を開店した。デパートの地下食品売場は、今でこそ総菜店やスイーツ店の人気店が並んでいるが、一九七〇年代の当時は、塩鮭、かまぼこ、醤油といった調味料が主流であり、そもそも総菜は店で買うものではなく、主婦が家で作るのが当たり前の時代であった。そこへロック・フィールドが乗り込み、調理された総菜を売る、後に「中食」と呼ばれる新しいライフスタイルを打ち出す形となった。

岩田は、高度経済成長期の後、着実に日本人の生活は豊かになり、ライフスタイルや食生活の欧米化が進むことを確信していた。岩田は一九九〇年初頭、主な顧客層である女性の服装の変化に気づく。特に平日の夕方に、ロック・フィールドの総菜を買い求めるスーツ姿の女性が増えていることに気づいた。このような顧客層の変化を岩田は敏感に感じ取っている。男女雇用機会均等法が一九八六年に施行にされ、女性の社会進出が加速していたのである。平日昼間はフルタイムで忙しく働く女性が帰宅途中に手軽に買える総菜が大人気となり、総菜は「作る」から「買う」時代に変化した。その後、総菜を扱う中食産業は着実に成長を続け、現在の国内の市場規模は十兆円を超えている。

日本の食卓に洋食文化が定着し、働く女性が増え続け、日本人のライフスタイルがさらに大きく変化しつつあった一九九二年には、新しい総菜ブランド「RF1（アール・エフ・ワン）」を立ち上げた。日本の食卓や日常生活に求められている総菜を提供するため、これまでの高級デリカ路線から、サラダを中心とした健康に配慮した総菜の路線へと軸足を移す決断をする。総菜に使う素材は、品質の高い国産品にこだわり、全国で捜し求めた選りすぐりの素材を調達している。また、各地の農家と契約し、総菜やサラダに使う野菜を栽培してもらうなど、農家とロック・フィールドが二人三脚で、安心・安全でおいしい野菜作りに取り組んでいる。

一九九九年の入社式では、「これからのライバルはトヨタです」と宣言し、トヨタ自動車の生産システムをベンチマークとすることを表明した。デパートの地下食品売場が、「デパ地下」という愛称で親しまれ、総菜自体が日本の食卓に欠かせない存在になってきた一方で、新鮮な素材を使った総菜を毎日食卓に届けるシステムが充分に確立されていなかったためである。

トヨタ自動車から生産管理システムのプロを招き、在庫をもたないトヨタ生産方式「ジャスト・イン・タイム」を社内に導入し、総菜の鮮度向上や必要なときに必要な分を作るといった、鮮度を最優先にした工程管理の導入に取り組んだ。また、工場のムリ・ムダ・ムラを徹底的に洗い出し、原材料の仕入れ、製造、パッケージ、輸送の各工程のリードタイムを短くすることにより、鮮度管理を向上させるとともに、生産性を向上させることに成功した。これによって、顧客がいつでも新鮮な総菜を購入できる体制を構築することに成功した。トヨタの生産管理システムを学んだロック・フィールド流の生産管理システムは、競合他社と差別化する同社の最大の武器となっている。

一九九九年頃には、働く女性の間で、仕事帰りに夕食の総菜を手軽に買いたいというニーズの高まりを感じ取っていた。岩田は、駅ビルや駅ナカは中食の需要を開拓できる新しい立地であると判断し、恵比寿や荻窪などの駅ビルや、大宮、新宿などの駅構内「駅ナカ」にも店舗網を広げている。二〇一二年には、経済成長が続くアジアでも日本のように中食市場が拡大すると判断し、中国上海で2店舗を展開している。

ロック・フィールドは、岩田のリーダーシップ、時代の変化を一早く感じる先見性、ライフスタイルの変化を敏感に読み取る卓越したビジネス感覚をもとに成長を続けている。これまでの製品・サービスが主流の既存顧客に対して重視していた性能の軸とは異なる「中食」という軸を展開し、常に時代の変化を読み取ることで、破壊的イノベーション（新市場型破壊）を実践してきた。同社は日本の暮らしを変革する立役者である。

6．無価値再生イノベーションで価値創造するタベモノガタリ

規格外の農作物販売で食品ロス削減に取り組むタベモノガタリは、これまで価値がないと思われていた規格外の農作物に価値を与える形で新たな価値を創造する会社である（注6）。規格外の農作物とは、決められた形や重量などの要件を満たさず、大きさ、色、形、品質などが規格に適合しない野菜のことで、一般の流通市場には出荷できない農作物のことである。農作物には、市場で定められた規格があり、大きさ

はS・M・L、色や形、品質はA・B・Cなどで分けられる。畑で生産される農作物の約3割が規格外品となるといわれており、規格外の農作物は市場に出回ることはない。規格外の農作物は、カット野菜やジュースなどの加工食品としての流通や、農家が自家消費する以外は畑に捨てられるなど、多くが廃棄されている。

消費者庁が発表した食品ロス削減の資料によると、わが国の食品ロス量は年間643万トンである(注7)。これは、大型10トントラックに換算して、毎日約1760台分を廃棄しており、年間一人当たりの食品ロス量は51キログラムに上る。食品ロスの内訳は、事業系廃棄物由来が約352万トン、家庭系廃棄物由来が約291万トンであり、規格外の農作物は、返品、売れ残り、食べ残しとともに、事業系廃棄物由来に分類されている。消費者庁の資料では、先進工業国における食料の廃棄は、食品産業、小売業者、消費者の関心を高めることによって減らすことができ、現在は捨て去られている安全な食料の優れた、有益な利用方法を見出す必要があると提言している。すなわち、規格外の農作物の販売等で食品ロスを削減すべきだと述べている。

さらに、農林水産省の規格外の農作物に関する報告書においては、第一に、規格外の野菜等が市場流通

(6)タベモノガタリについては、同社ホームページ https://www.borderless-japan.com/social-business/tabemonogatari/、八百屋タケシタのホームページ https://www.yaoyanotakeshita.com/、「つくる責任、つかう責任」(『SDGs media』二〇二〇年二月九日)を参考にして記載している。
(7)消費者庁『食品ロス削減関係参考資料』二〇一九年。

に適合せず廃棄されていることが高コストの一因ではないか、第二に、規格が真の消費者ニーズを反映しておらず、食料供給者が消費者の品質や形状等に対するこだわりを過度に重視した出荷、販売等を行っているのではないか、との指摘がなされている(注8)。利用形態や販売形態に応じて、「用途別ニーズに適合した規格」「簡素な規格」「無選別」での出荷・流通を進めることにより、国産農産物の有効利用が促進され、ひいては食料供給コストの縮減や食料自給率の向上に資する可能性があるとの見解を示している。

タベモノガタリの創業者の竹下友里絵は、一九九六年に神戸市に生まれた。中学生の頃から国際協力について強い関心をもち、高校二年生のときに留学で一年間訪れたカナダで、ホームステイ先の食べ残しの多さを目の当たりにした。世界の一方では、こんなに食べ物が廃棄されているのに、世界のもう一方では食べ物がなくて餓死している人がいるという食のアンバランスに問題意識をもち、世界全体で食の配分が実現できればと思ったことが、この世界に入るきっかけである。

竹下は関西学院大学総合政策学部で国際経済について学んだ後、神戸大学農学部に編入し、食料環境経済学を学ぶ。大学四年次を休学し、フードロス削減事業や農業ビジネスを行うベンチャー企業でインターンシップを経験し、復学と同時に起業準備に入る。グラミン銀行創始者でノーベル平和賞受賞者であるバングラディッシュのムハマド・ユヌス博士が提唱する、ソーシャル・ビジネスを具現化するために日本で開催されているビジネスコンテストであるユヌス&ユー・ソーシャルビジネスコンテストで企業賞を受賞し、在学中に起業した。

タベモノガタリは、規格外の農作物を「形はワルいが、味はイイ」をキャッチフレーズに農作物を販売する「八百屋のタケシタ」を展開している。駅構内で対面販売を行うほか、食品スーパーのトーホーストアの神戸市内の2店舗に八百屋のタケシタ特設コーナーを設置して販売している。大きさや形が悪いもの、傷があるものの味には何の影響もない野菜や果物を農家から直接仕入れ、レストランや消費者に直接販売するビジネスモデルである。八百屋のタケシタでの活動を通して、本来は捨てられるものを価値のあるものに転換することで、生産した農作物すべてが消費される世界を目指している。これまでに提携したパートナーは、農家25軒、提携飲食店10店、販売パートナー4社、累積客数2万人と順調に業績を伸ばしている。

現在の同社の課題は、流通や販売の仕組みを再構築することである。仕入れの提携農家数は増加しているものの、仕入れ量に対して流通量がまだ少なく、収益を安定させるためには販路を拡大していく必要があると考えている。また、食品の一次加工ができる設備を充実させ、トマトなどの傷みやすい農作物を一次加工して、さらに冷凍加工すれば食品ロスが削減できると考えている。

食品ロスの削減問題に取り組むソーシャル・ビジネスを展開するベンチャー企業は、タベモノガタリ以外にも存在する。国内では、廃棄予定の野菜を活用した野菜のり「VEGHEET」の製造・販売を手掛けるアイル（長崎県平戸市）、飲食店等で発生した廃棄予定の商品を割安で購入できるサービス「TA-BETE」を運営するコークッキング（東京都港区）、メーカーが提供している廃棄予定の商品を割安で購

（8）農林水産省『農産物の生鮮販売や加工・業務用途における多様なニーズに対応した取組の可能性（案）』二〇〇七年。

入できるECサイトを運営するクラダシ（東京都品川区）などである。海外では、農産物の鮮度を保ち、腐敗を遅らせる植物由来のスプレーを開発するApeel Sciences（アメリカ）、本来は廃棄されている果物の副生成物を活用し、リップクリームなどの化粧品を製造・販売するFRUU（イギリス）、小売店の賞味期限が近い商品の情報共有アプリを開発・運営するFroodly（フィンランド）などである。食品ロスの削減課題という世界が抱える社会問題の解決に挑むソーシャル・アントレプレナーは増えつつある。

竹下は、これまで無価値と思われていた規格外の農作物に価値を与え、無価値再生イノベーションを実践するソーシャル・アントレプレナーである。彼女のように、社会の課題に疑問をもち、解決しようとするソーシャル・アントレプレナーが次々と輩出するような社会になれば、日本の未来は明るい。

7. おわりに

本章では、ハーバード大学ビジネススクールのクレイトン・クリステンセンが提示した、既存の主流顧客をより満足させるための性能向上による価値創造である「持続的イノベーション」をベースにして、その方向性とは異なる「新しい価値」の創造へのアプローチを三つの視点で検討した。

第一のアプローチである破壊的イノベーション（ローエンド型破壊）としては、カプセルホテルを洗練されたデザインと「1h（汗を洗い流す）＋7h（眠る）＋1h（身支度）」というシンプルな三つの宿泊の基本行動に特化してそれ以外の機能をそぎ落とし、これまで非主流であった外国人旅行者や女性にも受け入れられるように変革したナインアワーズの事例を取り上げた。第二のアプローチである破壊的イノベーション（新市場型破壊）としては、これまで日本において、レストランなどに出かけて食事する「外食」と、家庭で手作りの料理を食べる「内食」しかなかった市場に、女性の社会進出の時代の流れを的確に読み取り、デパートの地下食品売場などで総菜を売るというアプローチで「中食市場」を切り拓いたロック・フィールドの事例を紹介した。第三のアプローチである無価値からの価値転換イノベーションとしては、「形はワルいが、味はイイ」をキャッチフレーズに、規格外の農作物で、形が悪く傷があるものの味には何の影響もない野菜や果物を農家から直接仕入れ、レストランや消費者に直接販売するビジネスモデルを展開するタベモノガタリの事例を取り上げた。

本章の第1節で述べたように、日本の企業は、現在、顧客に対する価値創造を十分にできなくなっている。しかしながら、ナインアワーズとロック・フィールドは、それぞれカプセルホテル業、飲食業で儲ける力を失ったビジネスモデルを、時代の流れを読み取りながら再構築している。タベモノガタリは、これまで捨てられていた無価値な農産物に新しい価値を創造してビジネスを構築しようとしている。これまで日本企業が取り組んできた既存の主流顧客を満足させる価値創造である持続的イノベーションの方法から、破壊的イノベーション（ローエンド型破壊）、破壊的イノベーション（新市場型破壊）、無価値再生イノベーションのような、これまでとは大きく異なるアプローチでビジネスモデルの転換を行えば、日本企業は新しい価値創造に貢献しながら利益を上げ、持続的成長につながる可能性がある。

しかし、ビジネスモデルの大胆な転換にはリーダーの覚悟が求められる。ナインアワーズの油井啓佑、ロック・フィールドの岩田弘三、タベモノガタリの竹下友里絵は、社会を変えたいという熱い思いや使命感をもとに、リスクを恐れずに積極果敢に挑戦している。イノベーションを起こすのは、「自分の手でこんな世界を実現したい」、「こんなライフスタイルを人々に提供したい」というリーダーの熱い思いである。

最後に、無価値であったものを価値あるものに転換するような価値創造の取り組みである無価値再生イノベーションを、未利用魚の利用を例に（未利用魚を規格外の農産物に置き換えて考えてもよい）、本書の序章で解説した「価値創造スクエア」との関係で振り返り、本章を結ぶことにしよう。

未利用魚を活用した価値創造を模索するにあたって、そうしたことを模索することの背景には、水揚げされた魚のうち市場に出荷されるのは一部の魚であり、多くの魚は市場で取り扱うには規格外として廃棄されているという状況がある。この状況に対して、それはもったいないので、市場では規格外となる未利用魚をうまく活用することはできないのかとの「期待」が生まれる。

しかし、既存のレストラン事業のビジネスモデルでは市場が組み込まれており、市場を通さない、漁師との直接的な取引をしようと思えば、そのような手間のかかる作業を行ってくれる漁師はいるのか、どのような条件であれば漁師は取引に応じてくれるのかなど、さまざまな「課題」に直面することになる。また、レストランからすれば、通常の市場を通じて購入できる魚を使ったメニューでは、多々あるレストランの中で独自性が出せなくなってきているという「課題」を抱え、そこから未利用魚の活用によって他店との差別化を図りたいという「期待」が生まれているかもしれない。

そこで、市場を通さず、魚を漁師から直接仕入れる機能を事業にもたせることができれば、未利用魚の活用は可能ではないかとのアイデアが生まれてくる。漁師から魚を直接仕入れる機能を備えた取り組みとして、たとえば、くら寿司が生み出した「一船買い」というビジネスモデルを構築できれば、廃棄されていた未利用魚に価値を与えることができる。

そして、レストランのサービスとして、こうした未利用魚を利用したメニューを提供するという「結果」に対して、まったくこれまでは目にしたこともない魚だけど、とても安くておいしいといった「満足」を顧客に感じてもらえるかもしれない。もしくは、日本の漁業（漁師）を少しでも支える貢献ができているかもしれないと「満足」を得られるかもしれない。得られる満足は多様であるが、こうした満足をもたらすことができたのであれば、価値が創造されたといえる。もちろん、期待は満たされても満足にはつながらないこともあり、その場合は、新たな期待と課題を生み出すことで次の価値創造スクエアへとつながっていくことになる。

第8章 創る――まちづくりとコミュニティ

藤井信忠

1. はじめに

日本だけではなく世界においてまちづくりのスマート化が進められてきている。ＩｏＴ（モノのインターネット）のコンセプトのもとで、あらゆるものにセンサが付けられ、気温や湿度、二酸化炭素濃度、日照量などの環境情報だけでなく、人々の行動や生活までもがセンシング可能となってきている。また、データサイエンス関連技術の飛躍的進展により、取得されたデータを利活用することによって、都市における物流の効率化、省エネルギー化、エビデンスベースの政策立案やまちづくりが進められてきている。このようなまちづくりのスマート化の結果としてうまれるスマートシティは、まちづくりの過程にさまざまな技術要素を取り入れ高度化することが目的ではない。あくまでスマート化は手段であり、市民が健康で幸福な都市生活を実現することが目的とされるべきである。すなわち、スマートシティはまちのスマート化ではなく、市民生活のスマート化が重要であり、スマート化の結果として、スマートな市民（スマートシチズンと呼ぶことにする）が醸成されることが肝要となる。

このような市民中心のまちづくりのためには、コミュニティが重要であるといわれる。スマートシティは、IoT技術とデータサイエンスを介した行政と市民の間の相互作用をうみだす試みと捉えることができるが、そこには何らかのコミュニティが介在している場合が多い。一市民が単独で気づくことができる課題や、課題を単独で解決できる知識、技術力には限界があるだろう。自身が所属するコミュニティにおける何気ない日常会話の中に、課題を発見したり解決する気づきやキッカケが潜んでいることもある。あるいはサードプレイス（自分にとって心地よい時間を過ごせる場所のこと。ファーストプレイス：自宅、セカンドプレイス：職場・学校、と対比して用いられる[注1]）としてのコミュニティに所属していることで、日常生活のセーフティネットとしての安心感や幸福感を感じることもあり得る。

それでは、コミュニティはどのように形成されるのだろう。コミュニティには、その設立メンバやリーダが存在するが、それら少数のメンバの利益や目的を優先していては、コミュニティは発展しない。いわゆるトップダウンでつくられたコミュニティが魅力を欠いていたり、環境の変化に柔軟に対応できないことは想像に難くない。さまざまな年代、職業、背景をもつ多様な市民が集い、さまざまな価値観が交叉することで、時にはコミュニティ設立時の想定を超える新しい価値が創発することがある。あらたな地域の課題を抱えたとしても、多様な市民の知を集合することで（集合知と呼ばれる）課題の解決に結びつくこ

（1）レイ・オルデンバーグ『サードプレイス――コミュニティの核になる「とびきり居心地よい場所」』みすず書房、二〇一三年。

とがある。このように、トップダウンに目的が与えられるのではなく、ボトムアップに目的そのものを創出しながらコミュニティ自体が形成され、さらに変化に適応していくような、いわば創発の場としてのコミュニティをつくりだすことが肝要となる。本章では、このような創発の場としてのコミュニティに焦点をあて、コミュニティとまちづくりの関係を検討するとともに、価値創造スクエアとの関係を考察する。

2. まちづくりの起点となるコミュニティ

2・1 これまでの取り組み

従来、地域のデザインは、都道府県、あるいは市区町村のような地方自治体による行政主導でおこなわれてきた。しかし、行政が基本計画を作り、基本計画のもとでディベロッパーや建設業などの企業群が詳細を作り込み、市民はそれらを消費するだけのまちに魅力が感じられなくなってきていることには論を俟たない。行政→ディベロッパー→市民という従来の一方向型（滝の水が一方向に流れる様に例えてウォーターフォール型と呼ばれる）の地域のデザイン手法に限界が見えてきている。そこで、近年、地域のデザインに市民、あるいはその集合体としてのコミュニティが積極的に関与し、自身が生活するまち、自身が経済活動をするまちを行政と市民により共創する例が散見される。すなわち、トップダウンのまちづくりから、ボトムアップのまちづくりへの移行がみられるだけでなく、結果として、日本だけでなく、世界的にみてもボトムアップに市民・コミュニティが積極的に関与するまちの方が魅力的な場合が多い。

ボトムアップのまちづくりで成功しているまちの代表として語られる機会が増えているのがドイツのベルリンである。ベルリンは、東西ドイツを分断してきたベルリンの壁崩壊以降、行政主導によるまちづくりが試みられてきたが失敗を繰り返してきた。それが近年、行政によるトップダウンと市民・コミュニティによるボトムアップの組み合わせによりスタートアップ企業が集積し、結果として地域やまちの価値が創発し、今日では世界で最も先進的なまちの一つとして認識されるようになってきている。武邑はその著書の中で、「ベルリンは異質性と創発、そして自己組織化の街である」「ベルリンは中央集中の管理秩序ではなく、膨大な一般知識を活用する仕組み（集合知＝コミュニティ）をめざしている」と記している(注2)。

一方、日本では、いわゆる地方創生にコミュニティが活躍し、移住者が増加することによって地域に新しい魅力を創り出しているまちが散見される。徳島県神山町はその代表例として挙げられる地域である(注3)。近い将来消滅する可能性が高い、いわゆる消滅可能性都市であるにも関わらず、NPO法人が移住者誘致やIT企業誘致に成功し、海外からアーティストに移住してもらい創作活動を続けるアーティスト・イン・レジデンスなども積極的に推進する。IT企業がサテライトオフィスを設置し、地産地消を推進するフードハブ・プロジェクトなど、新しい取り組みは枚挙に暇がない。さらに、「神山まるごと高専」という私立の高等専門学校も設置され、まち全体を教育フィールドとする新たな展開をみせている。

（2）武邑光裕『ベルリン・都市・未来』太田出版、二〇一八年。
（3）神田誠司『神山進化論』学芸出版社、二〇一八年

このように、行政と市民・コミュニティが双方向に連携しながら、地域の新しい価値を模索している。地域の価値を行政がトップダウンで計画し、市民・コミュニティがそれを実現するという図式はもはや成り立たないし、魅力的なまちづくりの手段たり得ない。ドイツが今のようなスタートアップのまちとなることを、ベルリンの壁が崩壊したあの当時にだれが予想できたであろう。神山町が移住者による地方創生の舞台になることを三十年前にだれが予想したであろう。これからは、市民・コミュニティを中心に、行政がそれに協力するかたちで地域の価値そのものも創出されるべきである。

2・2 スマートシティとコミュニティ

スマートシティは、まち全体をスマート化する場合もあれば、まちの一部の機能だけをスマート化する場合もある。共通するのは、まちの至るところにセンサを配置し、気温や湿度、二酸化炭素濃度や窒素化合物濃度、日照量、あるいは人流に至るまで、必要な情報をセンシングする。まちづくりや地域の再開発の効果をさまざまな指標で計測したり、あるいは、現状を計測することでまちづくりに活かすエビデンスベースの計画がなされたりする。スマートシティの取り組みは、太陽光発電やバイオマス発電のような再生可能エネルギーによる分散電源を含むエネルギーマネジメントシステムのように、エネルギーの有効活用を目的として、企業中心、技術中心で始まったとされる（スマートシティ1・0）。エネルギー分野だけではなく、あらゆる分野をスマート化することで市民の生活の質を向上させるものとして、政府主導のビジョンへと拡大し（スマートシティ2・0）、これからは、市民と政府の共創による、市民または人間中心のビジョンに向かうべきだといわれている（スマートシティ3・0）（注4）。

日本におけるこれまでの取り組みは、エネルギーマネジメントシステムを核としたスマートシティのモデル、あるいはIoTやAIなど、企業による技術起点のスマートシティ1・0であるといえよう。ソサイエティ5・0やスーパーシティ構想などが出てくるにあたり、政府主導のスマートシティ2・0といえるところまでは到達しつつある。それに対して、海外におけるスマートシティとして名高いアムステルダム、ウィーン、バンクーバーなどは独自の取り組みをしてきている。神戸市と姉妹都市となって二十七年を迎えるバルセロナ市も、スマートシティ3・0に向けて、市民との共創を実現するための取り組みを進めてきている。たとえば、バルセロナ市オープンチャレンジとして、バルセロナ市が6分野のチャレンジ課題（自転車の盗難数削減、社会的孤立削減のためのサポートシステム、街中歩行者の人流解析、美術館のデジタル化と収蔵品のアーカイブ、道路表面損傷の自動検知と警報、テクノロジによる地域の小売店支援）を提示した。それに対してシティマートという独自のプラットフォーム上で、バルセロナ市内外の市民、イノベーターによってさまざまなアイデアが応募され、各課題における勝者を決定し、実現にむけて活動している。また近年では、オープンデータポータルというウェブサイトで、バルセロナ市のさまざまな分野のデータを公開することで、市民が最新の状況を知ることができるような体制を整えている。そしてオープンデータチャレンジと題して、バルセロナ市のオープンデータを活用し、市が抱える課題や、市

（4）https://www.fastcompany.com/3047795/the-3-generations-of-smart-cities/

ならではの特徴を可視化するコンテストを二〇一六年より神戸市と共同で進めてきている（ワールド・データ・ビズ・チャレンジ）。このように、バルセロナ市が抱える問題に対して市民を巻き込みながら、バルセロナ市と市民による解決策の共創を実現する枠組みを整えつつある。

3．イベントを集約点とするコミュニティ

3・1 都市型複合イベント

アメリカ合衆国テキサス州オースティン市は、ライブハウスが集積する音楽の街として知られていたが、どちらかといえばテキサス州の田舎街であった。それが、今やシリコンバレーをしのぐほどのIT・テクノロジ企業の集積と人口増を実現し、著しい発展を遂げてきている。オースティンの発展のきっかけを与えたとされるのが、毎年三月に開催されるサウス・バイ・サウス・ウエスト（SXSW）である。一九八七年に音楽イベントとして開催されたSXSWは観客動員700名程度であった。一九九四年にフィルムとマルチメディア（一九九五年に独立、一九九九年からインタラクティブと名称変更）が追加され、現在のSXSWミュージック、SXSWフィルム、SXSWインタラクティブという三分野が形成されるに至り、そこに近年SXSWコメディが新たに加わった。また、関連イベントとして、SXSWエデュ（教育）やゲームショウが開催されるなど、その領域はますます拡がりを見せてきており、十日間のイベントで世界中から約40万人もの参加者を動員し、経済効果も三億ドル強とされる。

SXSWはオースティン市が主催するイベントではない。運営はSXSW LLC社という民間企業が核となり、イベントの際には地元のテキサス大学オースティン校の学生など数多くのボランティアが活躍している。印象的なのは、参加者へのもてなしの心と、SXSWをまちの誇りとして大切にしている雰囲気である。まち中に世界中から集まった観客が溢れかえり、まち全体がお祭りムードに包まれる。オースティンがカントリーやロックのライブハウスが多数集結する音楽のまちということもあるが、6thストリートと呼ばれる一番の繁華街では、ずらりと並んだライブハウスで同時並行的にライブが開催され、夜中の一時まで酒を楽しみながら音楽を楽しむことができる。朝から夕刻までのカンファレンスやフィルムイベント、そして夜を中心とした音楽イベント。洗練された中にもどこか懐かしい独特の雰囲気を醸し出すイベントである。

"Keep Austin Weird"は、オースティン市のインディペンデントビジネスアライアンスが採用したスローガンで、Weirdは「異様な」や「奇妙な」といった意味を有する単語である。多様な中小企業を呼び込むために使われだしたスローガンであるが、まちづくりの全体イメージをよく表しているように思われる。IT企業の進出などで急成長するまちを横目に、従前から有するアイデンティティを忘れずにいるという、ある種のシビックプライドが感じられる。700人のライブからはじまったイベントが、三十年かけて40万人を集客するイベントに成長し、それに伴ってオースティンそのものも急成長してきた。イベントで三十年というと長く感じられるが、まちづくりの観点では三十年は特段長いわけではない。一連の動きが、オースティン市主導のトップダウンなまちづくりの結果ではなく、SXSW LLC社だけでボトムアップ的に実現できるものでもなく、市民を巻き込み、大学を巻き込み、他の企業を巻き込み、SXSWに関わる人々のコミュニティを形成した結果、共創された結果であることが重要な視点であろう。コミュニティの活動の集約点が一年に一回のイベントなのである。

SXSWと同様、イベントを起点にまちづくりを試みる、あるいはまちづくりの結果として表出するイベントがさまざまな都市で行われるようになってきている。オーストリア・リンツのアルスエレクトロニカ、オランダ・ハーグのボーダーセッションズ、ドイツ・ベルリンのテックオープンエアなど枚挙に暇がない。日本でも、福岡の明星和楽、札幌のNoMaps、神戸の078KOBE、東京・竹芝のちょっと先のおもしろい未来、沖縄・那覇のLEAPDAYなどが挙げられる。以下では、神戸発の複合イベントである078KOBEについて紹介する。

3・2 神戸発の複合イベント――078KOBE

かつての神戸市は政令指定都市の中でも人口規模で第5位、重厚長大な産業構造とその発展、そして市の運営手法の巧みさから「株式会社神戸市」と呼ばれる勢いがあった。しかし、一九九五年の阪神・淡路大震災で街が大きなダメージを受けその復旧・復興に注力する必要があったこと、二〇〇七年のリーマンショック、そして世界的な製造業の衰退とサービス産業の勃興による産業構造の変革にうまく適応することができずにその成長は止まり、二〇一二年ごろから人口は減少傾向に転じて人口規模でも福岡市、川崎市に抜かれ7位に転落した。しかし、震災から二十五年経ち、復旧・復興・生活支援のために発行した市債一兆三千億円のうち、復旧に関わる市債を完済し（復興・生活支援に関わる市債は一千五百億円残る）、財政的にもようやく新しい取り組みに投資できる基盤が整いつつある。また、復旧後ほとんど手つかずであった中央区三宮駅周辺の再開発にも着手するなど、新しい取り組みをしようという雰囲気がまち全体、さらには市民からも感じられるようになってきていた。そのような中、神戸市は中期戦略目標（二〇一六年〜二〇二〇年）である神戸ビジョン２０２０を策定し、「若者に選ばれまち＋誰もが活躍するまち」というテーマを設定した。二〇一六年三月に開催された神戸創生会議もその一環であり、約３００名の市民、市役所職員が参加し、新しい神戸市の姿をワークショップ形式で議論した。

神戸市の動きに呼応する形で、民間発のイベントとして企画され二〇一七年五月から開始されたのが０７８（二〇一九年から078KOBEに名称変更）である。それに先立つ二〇一六年三月のＳＸＳＷには神戸市から多くの視察者が訪れており、オースティン市にヒアリングするとともに、ＳＸＳＷを自身で体験することで、神戸でも複合型イベントを開催したいという思いを強くしたという。二〇一六年春には実行委員会を組織し、翌年に第一回目の０７８の開催に漕ぎづけた。著者自身も二〇一六年のＳＸＳＷに当時の学生、協力企業とともに出展者として参加しており、神戸市からの視察者らと神戸でのイベント開催の可能性について意見交換するとともに、帰国後神戸創生会議にも参加、程なくして組織された０７８実行委員会にも参画することになった。イベント名称である０７８は神戸市の市外局番である。神戸を代表する記号の一つであり、神戸を意味するがほかには何も意味を有さず、さまざまなジャンルが複合するイベントの名称として適切であると判断し採用に至った。音楽、映画、インタラクティブ（ＩＴ）、ファッション、食、キッズを主要6分野としてスタートし、二〇一八年からはアニメが加わり主要7分野とした。来場者数は公式発表で二〇一七年、二〇一八年、二〇一九年それぞれ、38500名、75300名、78900名となり、認知度も少しずつ向上しその規模を拡大してきた。
078KOBE のミッションは、実験都市神戸の実現である。神戸を実験体質に変えていくことで、あるいは実験を繰り返していくことで、三十年後の二〇五〇年には、あらゆる制約から解き放たれた市民が自己実現できるまちに変わっているというビジョンを描いている。そのために、分野の壁を越えた超領域コミュニティを創出すること、時間の壁を越えて未来の都市生活を考え市民みずからデザインすること、空間の壁を越えて神戸から世界へあたらしい都市生活を発信し、世代の壁を越えてあらゆる世代の人々に活力を与えることを目標としている。
人口減少が始まっているとはいえ人口151万人の大規模都市である神戸では、音楽、映画、ITなどそれぞれ独立にイベントが開催されてきたが、それらを2~3日の会期に集約することにより、今まで出会うことのなかった人々が出会い、未経験のコンテンツに出会うきっかけになることが期待できる。たとえば、音楽でも今までに聴いたことのないジャンルの音楽に接する、キッズイベントに参加した子供が最新のIT技術に触れる、IT技術者が音楽や映画、ファッションなどにおける新しい技術の応用可能性に気づく、といったことが起こり得るだろう。これらが、クロスメディアイベント、あるいは複合型イベントといわれるイベントの特徴である。078KOBE に参加することで得た「気づき」を日常生活や仕事にフィードバックし、あらたなアイデアをうみだし、そのアイデアを次の078KOBE で発表する。イベントを起点としたアイデアの創出と検証の循環を実現することで、市民が積極的にイベントに参加する参加型のイベントとなることが期待できる。このようなイベントと日常生活の循環を通して、市民自らがアイデアを実験し検証するフィールドとして078KOBEが育っていくと、それが三十年繰り返され、すなわち循環が30回起こるとすると、結果として神戸ならではの価値が創出するのではないか（図8-1を参照：左側が078KOBE、右側が日常生活・業務を表している）。行政や企業が描いたみらいの都市生活ではなく、市民自らが実験し、アイデアを取捨選択することで残ったものが、もっとも神戸らしいまちの姿、価値になるのではないか。その結果として、神戸市民の中にもシビックプライドが醸成されていく。そのように期待している。

世界中で数ある複合型イベントの中でも、このような市民参加型のイベント、市民の知の集約点としてのイベントと位置づけられるものはほとんどない。そして、それらが一部の例外を除きすべて無料で参加することができる点も特徴の一つである。これは、震災後十年を迎えた二〇〇五年から神戸で開催されている無料のチャリテ

図 8-1: イベントを起点としたアイデア創出と検証の循環

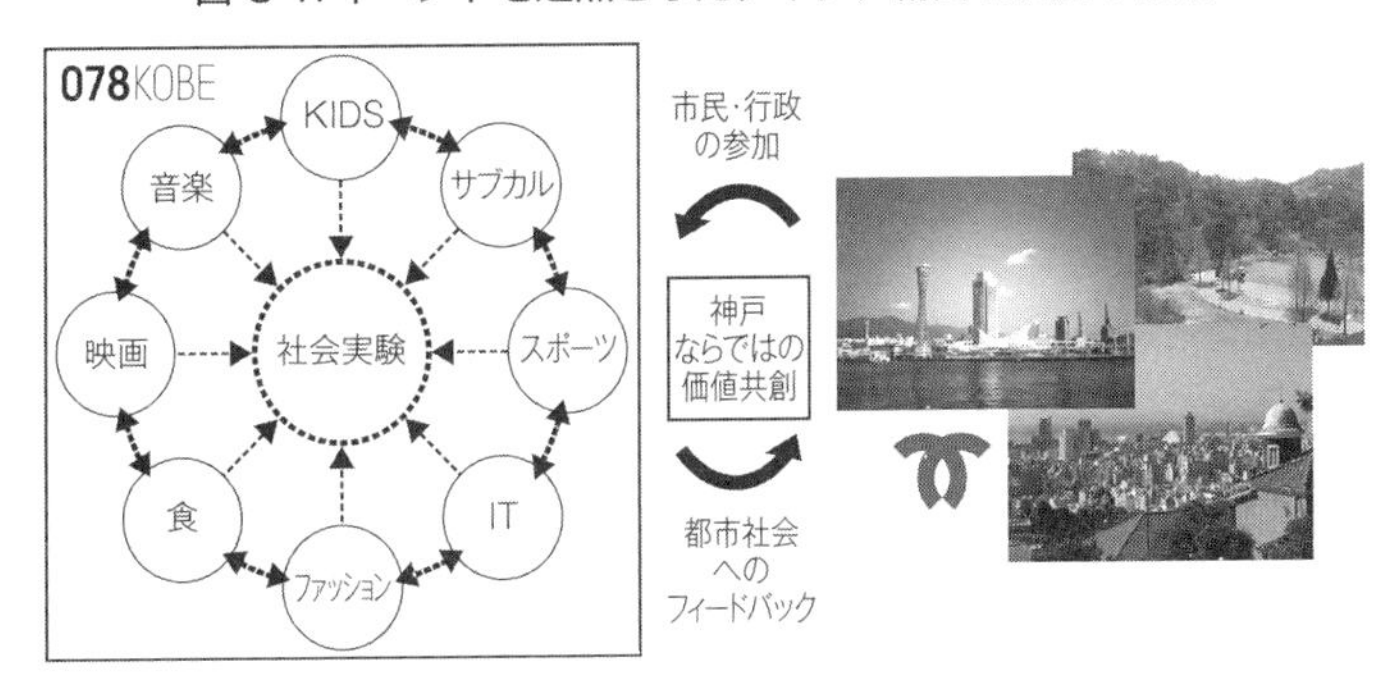

ィ音楽イベント、カミングコウベとも連携し、その開催哲学を受け継いでいるからである。カミングコウベは一日のイベントであるにも関わらず若者を中心に約4万人の集客力があるだけでなく、会期中に毎年募金を呼びかけ、東日本大震災や熊本地震の被災地の学校などに復旧・復興支援金を届けている。カミングコウベと同様に参加費無料のイベントとするために、078KOBEでも文化庁や神戸市からの支援金だけでなく、サポーター企業・団体からの有形無形の支援を得るとともに、運営主体である078実行委員会もボランティアベースの運用となる。民間主導のため、実行委員・運営委員は本業の傍ら時間を作り出し、無報酬でその運営に従事している。神戸のまちを元気にしたい、あたらしい都市生活の未来を模索したい、ただ楽しいから参加している、など参加動機もそれぞれ異なっているであろう。多様な専門領域をバックグラウンドにもつ多様な参加者からなるコミュニティの中で、互いに刺激し合い、時には喧嘩もしながら、イベントを集約点として活動している点も078KOBEの特徴である。

4．公・民・学連携まちづくりコミュニティ

078KOBEのようなコミュニティ主体のイベントは、もはや単なるイベントではなく、まちづくりのプラットフォームになり得る、という気づきを与えてくれたのがUDC（アーバンデザインセンター）である。アーバンデザインセンターは、課題解決型（＝未来創造型）まちづくりのための公・民・学連携のプラットフォームとされ、二〇〇六年十一月に千葉県柏市に設立されたUDCK（柏の葉アーバンデザイン

センター）から日本各地に設立されるようになった。二〇二〇年九月現在で21拠点がある（注5）。各都市における再開発、エリアマネジメントなど、設置目的や活動内容は多岐に渡るが、全国のＵＤＣの活動を統括するＵＤＣイニシアチブのウェブページによると、地域社会に必要な公的サービスを担う「公共」、市民活動や経済活動を通じて地域の魅力と活力の向上を担う「民間」、専門知識や技術をもとに先進的な活動を担う「大学」が日常的・多面的に連携し、まちの未来を描き実践していくエンジンとなることが、ＵＤＣの公民学連携スキームとされる。これまでの公主導のまちづくりではなく、ディベロッパー企業などの営利企業・団体による民主導のまちづくりでもなく、学の理念主導のまちづくりでもない。そこで暮らす市民参加型のコミュニティであることが特徴である。公民学が交わるコミュニティとしての各都市のＵＤＣと、ＵＤＣ同士が連携する全国規模のコミュニティとしてのＵＤＣネットワークという二階層での活動を通じて、まちづくりに主体的に取り組んできている。

二〇一八年八月にUDC078（アーバンデザインセンター神戸）が19拠点目のＵＤＣとして神戸市に設立された。都市工学や市民工学が中心となることが多いほかのＵＤＣとは異なり、システム情報学が中心となるＵＤＣであることに特徴がある。そして、都市生活のデザイン手法の追求とその実装をUDC078の理念としている。すなわち、都市のデザインとは、いわゆるハードウエアとしての都市だけではなく、そこで生活する市民にこそ着目するべきであり、ＩｏＴ、人工知能、最適化、シミュレーションなどのシ

（5）ＵＤＣイニシアチブＷｅｂページ（https://udc-initiative.com/）

ステムズアプローチによって、市民が満足し、幸福を感じられるようなソフトウエアとしての都市もその対象とする。先のスマートシティ3・0の理念を実現するための組織とも位置づけられる。

UDC078には、システム学、建築学、建築史、IT技術、ドローン、鉄道、メディア、デザイン、マーケティング、家電製造、コンサルティングなど、多様な分野から公民学の個人会員、企業会員あわせて約27名が参加しており、078KOBEや神戸市、ほかのプロジェクトなどと連携しつつ活動している。多様な会員からなるコミュニティとなることは、まちづくりが総合科学であり、まちづくりを検討するためにはあらゆる分野が必要となることを示唆している。主な事業としては、都市生活デザインモデル（都市生活のデザインをサイバー・フィジカルシステムとして検討、構築する）、都市生態学（人やモノ、コトの移動をセンシングして都市の生態を明らかにし、エビデンスベースのイベント、都市デザイン、エリアマネジメントの方法論を構築する）、地域プロジェクトデザイン（オープンイノベーションにより、参加型都市生活デザイン手法構築を目指す）、普及・ネットワーキング（普及事業の企画・実行、UDC078のネットワークを拡大する）、自律運転社会システムコンソーシアム（自律運転を中心とする次世代モビリティとまちづくりについて検討する）がある。各事業の具体的な取り組みとして、先に紹介した神戸市・バルセロナ市連携のオープンデータ可視化コンテストであるWDVCの開催協力、078KOBEに向けたアイデア創出とフォローアップ、布引公園周辺地域の振興を検討する神戸・布引プロジェクト、コロナ禍の都市生活を検討するウィズコロナ都市生態研究分科会などの多様なプロジェクトが進行中である。以降ではコミュニティによるまちづくりの観点から、地域プロジェクトデザインの一環として進めてきている

078KOBEとの連携について紹介する。

先述の通り、078KOBEは一年に一度開催されるイベントである。参加者にとっては2〜3日のイベントであるからこそ実験できることもあるだろうし、行政との調整も容易となる場合がある。イベントを起点とした日常生活における変化とその成果の発表という繰り返しも、一年に一度の非日常のイベントであるからこそ可能となる場合もある。しかし、イベントに向けたアイデア創出や、イベントで得た気づきやアイデアに対するフィードバックを活かした社会実装をいかに実現するかについては、フォローアップする体制が不十分である。そこで、UDC078が078KOBEと相補的に活動することにより、コミュニティが主体となる価値共創型都市デザインの実現を目指している。アイデア創出についてはUDC078が主導するかたちで進め、その成果を078KOBEでプロトタイプを発表する。078KOBEで得たフィードバックの活用と社会実装に向けた検討をUDC078が再び主体となり受け持つというものである（図8-2参照）。たとえば、二〇一九年に採択された文部科学省の科学技術イノベーションによる地域社会課題解決（DESIGN-i）事業においては、兵庫県の中山間地域である西脇市、淡路島の南端に位置する南あわじ市と連携し、地元の高校生、大学生、社会人、市役所職員らと未来洞察ワークショップとアイデアソン（アイデア＋マラソンの造語。数回のワークショップでアイデアを創出するオープンイノベーションの手法）を開催、農林水産業を起点とした地域の魅力拡大方策について検討した。本プロジェクトは、科学技術が先にシーズとして存在し、その適用先を探す従来型の科学技術方策ではなく（シーズプッシュ型）、まずは地域の課題を明らかにし、適切な科学技術を選択し課題解決を試みる科学技術方策（ニーズプル型）を用いて、地域振興のために地方自治体を中心としたコミュニティがその実行主体となる点で注目された。

5. 価値創造スクエアとコミュニティ

ここまで、コミュニティ活動の集約点としてのイベント、コミュニティ主体のまちづくりについて紹介してきたが、最後にこれらの活動を価値創造スクエアに関連づけて検討したい。まず、078KOBEのようなイベントは、価値創造スクエアのどこに位置づけられるであろうか。参加型イベントとしての078KOBEでは出展者と参加者に立場が分かれる。出展者は各々が日常で認識している課題に基づき、その課題の解決方策、あるいはプロトタイプを出展する（価値創造スクエアでは課題-結果の対）。一方、参加者は出展内容を体験することにより、出展内容が満足につながるかを評価し、それを出展者へとフィードバックする。分野横断型の078KOBEのようなイベントであれば、老若男女を問わずあらゆる世代、多様な分野に興味をもつ参加者がいるため、通常の製品・サ

図 8-2 価値共創型都市デザイン

ービスの利用者よりも多様な主観をもった参加者による結果の評価が実現できる（価値創造スクエアでは結果‐満足の対）。このように、価値創造スクエアの右辺、結果の提示と満足の多様性がイベントのポイントであろう。

ただし、イベントはイベントとして閉じているのではない。出展者は多様な参加者の満足によるフィードバックを得て、将来の顧客となるべき人々の期待を推測することが可能となるだけでなく、参加者自身も気づいていなかった期待に気づくことが可能となる（価値創造スクエアでは満足‐期待の対）。そこから次の課題が生じることになり、製品・サービスの修正、新規開発に結びつき得る（価値創造スクエアでは期待‐課題の対）。参加者も、新しいアイデアに出会うことで、提示されたアイデアの評価だけに留まらず、自身であらたな気づきが得られる場合もある。それが新しい課題へと結びつき、新しい製品・サービスを創出し、翌年のイベントでは出展者となっている可能性もある（別の新たな価値創造スクエアの創出）。すなわち、078KOBEのようなイベントは結果‐満足を担い、UDC078がサポートする日常生活・業務においては期待‐課題をサポートしている。このような日常とイベントの繰り返しは、価値創造スクエアの連鎖を生成していることにほかならず、それらを十年、二十年と継続していくことが結果としてまちづくりに繋がるであろうし、地域の価値創発に繋がるであろう。

価値創造スクエアの主観と客観の関係についても同様に検討する。出展者側はまずは自身の主観に基づき創出したアイデアを、プロトタイプを通じて市民の多様な主観で評価してもらう。それらの集約が客観的評価を創りだすことにもつながる。しかし、主観の多様性によってさまざまな評価が得られた場合、評価が一意に定まらないことも考えられる。世代や分野が異なれば、同じアイデアに対しても正反対の評価につながることは有り得る。あるいは、現状のアイデアに対する評価はどちらかというと短期的な評価に偏りがちであろう。製品・サービス、あるいはまちづくりに至っては、中長期的な視点での評価が欠かせない。価値創造スクエアの連鎖をボトムアップ的に継続していけばよいのではなく、時には長期的視点をもってトップダウン的に連鎖そのものをデザインする必要があるかもしれない。

6. おわりに

日本国内では二〇二〇年一月ごろから本格化した新型コロナウイルスによる感染症対策のために、コミュニティ活動やイベントは中止かオンライン開催への移行が余儀なくされた。オフラインでの実空間における開催に比べて、オンライン開催となると地域間の距離を飛び越えられるというメリットはある。オンライン開催によって、これまでイベントに参加したくてもできなかった人が参加可能となり、神戸開催のイベントでも、東京を中心とする関東圏からの参加者も多く、また、海外からリモートでゲスト講師を務めてもらうなど、オフラインでは困難なことも実現可能となった。その一方、その都市に実際に訪問し、雰囲気や食事、交流を楽しんでもらうというのも都市型イベントに欠かせない要素ではあるが、オンライン開催となるとその部分がイベントの魅力たり得ないため、むしろイベントが提供できる価値が何であるかをあらためて検討せざるを得ない。また、オンライン開催となると、実空間では当たり前に起こりうるセレンディピティと呼ばれる偶然の出会いが実現することが困難となる。たとえば、目的もなくブラブラとしている間に偶然新しいコンテンツに出会うことは難しい。ソーシャルディスタンスを保ちながら、都市型イベントの魅力を改めて見つめ直し、まちづくりにつなげていく方策を検討する必要がある。

UDC078においてもウィズコロナ時代の都市生態研究分科会をスタートさせ、ウィズコロナ時代、あるいはニューノーマル時代のまちづくりとコミュニティ活動について検討を進めてきている。ソーシャルディスタンスの確保と感染拡大防護策など、行政主導のトップダウンで進められる対策に加えて、コミュニティ主体のあたらしい都市生活の在り方を模索し、医学的知見に基づいた新型感染症に対する正しい理解と、システム学、建築学、都市工学、歴史学など、さまざまな分野の知見をもとに検討を進めていくことが重要である。

第9章

学ぶ——人が育つ共創の場

鶴田宏樹

1．はじめに

価値の創造と深く関わる概念に「共創」がある。企業の活動に関して、「あらかじめ想定された価値を持つ商品を企業が造り、その商品と共に価値が顧客に引き渡される」という伝統的な考えに対して、「商品を介した企業と顧客のつながりの中で、価値が創造される」、つまり企業と顧客の共創により価値が創造されるという新しい考え方が広まっている。第4章では共創を複数の主観と客観の関係から生じる現象として説明した。

教育もさまざまな主観と客観の関係から価値が創造される現象である。学生は、新しいことを知りたい、興味ある事柄を深く考えたい、議論したいなどの主観をもち、講義科目の選択や受講、成績評価・単位取得や卒業論文による評価という客観にも直面している。教員も、自らの知識を深めたい、優れた人材を輩出したい、社会に貢献したいという主観を持ち、学術論文の評価や学生指導数などの客観にもさらされている。ただし、教員は学生に教える過程において自ら学ぶ存在であるし、学生の疑問を起点として教員が新しい気づきを得ることも珍しくない。教育における学生と教員の関係は、「教え」、「教わる」という一方通行ではなく、お互いが協力して何かを創り上げる共創である。同様に学生同士、学生と社会の間にも共創は存在する。教育とは、さまざまな主観と客観が作る共創という現象である。

「教育は共創である」と考えることは、教科内容を一方的に教え込むことが教育であるという見方では見過ごされがちであった、本来の教育の重要な一面をみることである。ただし、「教育が共創である」ことを考えるためには、教育の場だけでは見えてこない、共創の本質を考える必要がある。本章では、共創の概念を幅広く捉えたうえで、特に大学における教育に焦点を当てて、「人が育つ共創の場」としての教育について考える。

2. 共創とは何か

「共創（Co-creation）」という概念は、C・K・プラハラードとベンカト・ラマスワミが『コ・イノベーション経営——価値共創の未来に向けて』において、新たな価値創造の形を表す概念として定式化したことで、世界的に幅広く普及するようになった（注1）。プラハラードは、元ミシガン大学ビジネススクールの教授で、二〇一〇年に惜しくも亡くなっている。彼が、生前に書いた著書はいずれもベストセラーとなり、二〇〇七年～二〇〇九年には、「世界で最も影響力のあるビジネス思想家」第一位に選ばれている。

プラハラードは、共創概念の構築だけでなく、ゲイリー・ハメルとともに「他社には真似のできない核となる知識や技術」という「コア・コンピタンス」という概念を提唱したり(注2)、従来は収益を上げる対象とはみなされていなかった発展途上国の貧困層を「ボトム・オブ・ピラミッド(BOP)」(注3)と呼んで、そこに大きなビジネスチャンスがあることを指摘して、経済界に大きな影響を与えた(注4)。ベンカト・ラマスワミは、ミシガン大学ビジネススクール教授で、マーケティングを専門とし、プラハラードが死去した後も共創戦略手法をさらに発展させ続けている。

プラハラードとラマスワミは、『コ・イノベーション経営』において、最初に、現在は商品の選択肢は増えているのに消費者の満足が減っており、企業にとっては取るべき戦略の選択肢は増えているのに利益をあげにくい時代であることを指摘する。そして、この状況から抜け出すために、「企業が提供する製品やサービスそれ自身に価値がある」という従来の考え方に対して、「消費者と企業の経験の共有によって価値が作られる」という「共創」が決定的に重要であることを提唱した。たとえば、一台の自動車を造るためには数多くの高価な部品と高度な技術が必要とされる。そのような部品や技術が集積された自動車そのものに価値がある、というのが従来の考え方であった。それに対して共創という概念は、価値は企業が造る自動車そのものにあるのではなく、自動車という商品を介して企業と消費者が経験を共有することによって生まれる、と考えるものである。この視点の移動によって、価値が創造される範囲が一挙に拡充されるのである。

この点について、プラハラードとラマスワミは次のような例を紹介している。心臓ペースメーカーを含む医療機器メーカーのメドトロニックは「バーチャル・オフィス訪問」というシステムを開発し、医師がインターネットを介して患者の体内に埋め込まれたペースメーカーを検査できるようにした。このシステムは、患者のデータを医師と患者、メドトロニックが共有し、心拍数などの数値があらかじめ決めた範囲を超えた場合に、医師に注意が促されるものである。また、このシステムは、患者が旅行に出る際には、不測の事態が起こった場合に最寄りの病院を紹介し、これまでの医療データをその病院に伝えることができるプラットホームとなる。このプラットホームでは心臓ペースメーカーそのものやバーチャル・オフィス訪問というシステムそれ自身が価値をもつのではなく、消費者の経験が医師やメドトロニック、救急サービス提供者と共有されることによって価値が創造されるのである。

また、プラハラードとラマスワミは、米国ケンタッキー州に本拠を置くハウスボートメーカーであるサマーセットの例も紹介している。この企業にハウスボートの製作を注文すると、ハウスボートに対する個人のニーズを引き出すための打ち合わせがなされ、仕様が合意された後には、ボート製造に関して進捗状況が確認できるようになる。ここではボートの製造という経験を消費者が企業と共有される。ボートが完

(1)C・K・プラハラード、ベンカト・ラマスワミ『コ・イノベーション経営――価値共創の未来に向けて』東洋経済新報社、二〇一三年。
(2)ゲイリー・ハメル、C・K・プラハラード『コア・コンピタンス経営』日本経済新聞社、一九九五年。
(3)ただし、「ボトム」という表現が好ましくないということで、最近は「ベイス・オブ・ピラミッド(BOP)」という名称が一般的である。
(4)C・K・プラハラード『ネクスト・マーケット　増補改訂版――「貧困層」を「顧客」に変える次世代ビジネス戦略』英知出版、二〇一〇年。

成するとと消費者はサマーセットの顧客として、ボート所有者のコミュニティの一員となる。このコミュニティでの交流により消費者同士の経験が共有され、さらに、サマーセットがその経験を共有することで、製造するボートに新たな価値が付加されていくことになる。

価値は企業と消費者の「経験の共有」によって生み出されるが、消費者の経験とは周囲の環境や人々との関わりの中で生まれるもので、個人に帰属する。価値に対する経験は、個人ごとに異なるので、その共通の要素を取り出すだけでは価値の範囲は広がらない、しかし、個人ごとの経験に寄り添うことができれば、価値の範囲は格段に拡充される。プラハラードらは、消費者の経験が個人レベルで異なることを認識することを、「経験のパーソナル化」と呼び、価値の共創の重要な視点として設定している。

また企業は、製品や業務プロセスの質だけでなく、消費者の「経験の質」に気を配ることが求められる。質の高い経験がより大きな価値創造につながるからである。そのためには、企業の論理と消費者の論理の違いを自覚して、企業と消費者の「共創経験」のチャンネルを増やすとともに、仕入先、販売代理店、サポートスタッフと消費者、さらには、消費者同士を繋いで経験を共有する「経験のネットワーク」を構築することが重要である。「経験のネットワーク」において企業が消費者と多くの経験を共有することで、経験に基づいたイノベーションを導くことが可能となる。プラハラードらは、これを「経験のイノベーション」と呼び、従来型のイノベーションと区別する。なお、企業が経験を共有するのは、消費者だけではない。サプライチェーンを構成するほかの企業も共創の仲間である。

このような企業における共創の概念は、大学にも適用できる。大学教育において、学生と教員は、お互いが協力して何かを創り上げる共創的な関係にあると見るならば、教員にとって、学生との「経験の共有」、「経験のパーソナル化」、さらに「経験のネットワーク化」は大切な観点となるであろう。新しい価値を生み出すには「共創経験」が重要であることは、企業と消費者の間だけの話ではない。企業活動における企業と消費者の関係を、教育における教員と学生の関係と置き換えることで、教育でも共創による経験のイノベーションが考えられるようになる。

3. 経験と教育

3・1 伝統的教育と進歩主義教育

経験が教育においてもきわめて重要であることは、ジョン・デューイが一九三八年に刊行した古典的名著『経験と教育』(注5)の中で強調している。デューイは二〇世紀前半を代表するアメリカの哲学者で、プラグマティズム哲学の基礎を創り上げ、心理学、教育学、社会学など幅広い分野で活躍した。

デューイは、『経験と教育』を伝統的教育と進歩主義教育の対比から始めている。伝統的教育は、知識や方法を完成した成果物として学生が習得することを目標とする。しかし、当時でも科学技術の発展によって学生が学ぶべき知識や方法の量は膨大であり、それらを学生が完成した成果物として習得することは

(5)ジョン・デューイ『経験と教育』講談社学術文庫、二〇〇四年。

著しく困難になっていた。また、完成した成果物そのものを習得するだけでなく、それが構築されるに至った筋道を理解し、未来に起こるであろう変化などを予測できることが重要である。そのために、個性を育成し、実社会における目的を達成するための技能や技術を、学生の個人的な「経験」を通して身につけることを目指す教育が進歩主義教育である。

デューイの議論は、真の教育は経験を通して生じるという考え方にもとづいている。しかし彼は、すべての経験が教育的であるとは言っていない。経験の中には、それ以降に来たるべき経験による成長を阻害したり歪めたりするものもある。それは非教育的である。教育においては、「経験の質」が重要である。今、快適であるかどうかなどを超越した、未来の経験につながるような経験が質の高い経験であり、質の高い経験の機会を与えることこそが、教員に課せられた仕事である。この経験のつながりをデューイは「経験の連続性」と呼び、教育原理の一つとした。

また、経験とは人間の内面で完結するものではなく、個人の外側、つまり個人が置かれた状況によって引き起こされるものである。そして教育とは、置かれた状況の変化に対応できるように学生の成長を促すことである。デューイはこれを「経験の相互作用」と呼び、二つ目の教育原理とした。

3・2 共創としての教育——PBL（課題解決型学習）

デューイの「経験の連続性」と「経験の相互作用」という二つの教育原理に基づいた教育方法がPBL（Project Based Learning）である。PBLは学生が自ら問題を発見し解決する能力を養うことを目的とした教育方法である。教員は受講生の思考を促すために議論をファシリテートする。正解を導き出すことが重要ではなく、正解がない問題に関して、課題の設定から答えを導き出すプロセス全体を経験することで、状況に応じた知識と思考力を学生が身につけることを目指す。この教育方法は、最近、文部科学省が初等教育から高等教育に導入を勧めている「アクティブ・ラーニング」の手法の一つである。

このPBLは反転学習を組み合わせると教育効果が高まる。反転学習とは、通常の「講義」と「宿題」の役割を逆にした授業形態である。通常は「講義」を受けて知識をインプットし、講義後に「宿題」を通して知識をアウトプットさせる。これに対して反転学習では、講義に先立って動画などを視聴して知識をインプットしておき、講義内で知識をアウトプットする。知識のインプットに重点をおいておらず、演習やプレゼンテーション、議論による知識のアウトプットが中心になる。教員や学生同士の議論を通して問題に取り組むことで学生が能動的に思考する。二〇二〇年現在、新型コロナウイルスの影響によって多くの講義がオンラインになっているが、それをきっかけとして、反転学習を取り入れた講義が増えている。

PBLの効果は講義を設計・ファシリテーションする教員の能力に強く依存する。悪い例として、学生の興味や関心とは無関係に設定された課題を与え、グループワークでいくつかのフレームワークを体験させ、議論した内容を発表させて、あらかじめ準備しておいた解答に近いものに高い評価を与えるものがある。正解を出すことを目的にして実施されれば、PBLの効果は得られない。このように「グループワークを取り入れればアクティブ・ラーニングである」という間違った認識のもとでPBLが行われている例は少なくない。

デューイが『経験と教育』の中で指摘するように、PBLなどの新しい教育を効果的に実践するためには、ファシリテーターとしての教員が学生の経験の質を高めることが重要である。このことはプラハラードらが企業と消費者の共創においては経験の質が重要であると指摘したことに、まさに一致している。PBLは教育が共創であることを前提とした教育方法である。

企業と消費者の共創における経験の共有には、消費者の経験を企業が共有する、企業の経験を消費者が共有する、そして、消費者同士が経験を共有する、という関係が含まれていた。共創としての教育においても、学生の経験を教員が共有する、教員の経験を学生が共有する、学生同士が経験を共有する、という関係が含まれる。デューイが指摘しているように、伝統的教育が成功するためにも、教員の経験を学生が共有することが有効であるが、PBLは教育における共創の側面をプログラムに組み込んだものである。

4．共創教育の類型

この節では「共創」教育に力点を置いている海外の代表的な事例を紹介する。

4・1 造形の総合——バウハウス（注6）

バウハウスは、第一次世界大戦後の一九一九年にドイツのワイマールで建築家ヴァルター・グロピウスによって設立された造形学校である。一九三三年にナチスによって閉鎖に追い込まれるまでわずか十四年間の活動でしかなかったが、そのチャレンジと実績は、ドイツ国内だけでなく、ヨーロッパ、アメリカと世界中に広まり、今もなお絵画・工芸・インテリア・建築など多岐にわたる分野に大きなインパクトを与えている。

バウハウス誕生以前にも芸術家育成を目的とした美術専門学校や、専門技術を習得するための職能訓練校は世界に多数存在していた。科学技術が大きく進歩したマシン・エイジと呼ばれた当時の社会では、技術と芸術は相反するものであると考えられていた。芸術は日常生活からは乖離した鑑賞目的の作品を生み出すことを目的としており、一方で技術には美は包含されない、という考え方が一般的であったのである。

この時代の最先端の技術といえば機械であった。これまでの手仕事は機械技術にとって代わられた。この機械技術が広まるとともに近代の基本的な流れである、専門化＝断片化が生じた。そして、機械化が高度に進むにつれて、当時のドイツの工芸製品（実用性をもつ製品）の品質が低下し、市場に出回るものは低品質の粗悪品ばかりになった。機械化の浸透によって職工の熟練能力が低下していったのである。ここでいう品質の高さとは「単に優れた耐久性のある機能をもち、真正の材料を用いるばかりでなく、高貴で芸術的な有機体である」こととされる。今の時代であれば、耐久性・実用性、そして美しさを兼ね備えた実用品であろうか。要するに機械化が進むにしたがって、ものづくりの質が低下していることが問題視さ

（6）利光功『バウハウス――歴史と理念』マイブックサービス、二〇一九年。

れたのである。

バウハウスは「美術総合学校」として、専門分野のみではなく、クラフト教育（石工、木工、金工、陶芸、ガラス、色彩、テキスタイル）と、形態教育として観察（自然研究、材質分析）と表現（記述的幾何学、構成技術、構成物の平面図と模型製作）、構成（空間、色彩、デザイン理論）を学ぶ。特に形態教育は基礎教育として非常に重視されていた。また、芸術・工芸の専門分野を横断できる力を身につけることが重視されていた。その背後には、一人の芸術・工芸家が芸術と工芸を俯瞰して新しい価値を生み出すためには、すべての芸術に通じていなければならないという考え方があった。

グロピウスは「すべての造形活動の終着点は建築である」とし、「みんなが手仕事で共同で作り上げる建築」を教育目標の一つとした。バウハウスは、複数の学問（客観）が備わる（主観）が多数存在する「共創の場」を創るチャレンジであった。

4・2 人間中心主義——スタンフォード大学デザインスクール（d.school）

スタンフォード大学 d.school、正式名称 Hasso Plattner Institute of Design とは、デザインコンサルティング会社ＩＤＥＯの創業者であるデビッド・ケリーがハッソ・プラットナーと共同で二〇〇四年に開設したデザインスクールである。この d.school の授業はスタンフォード大学のどの学部・大学院に属していても受講できる。

d.school の教育目的はモノを作ることではなく、問題解決のプロセスを実践することであり、そのベースには「デザイン思考」がある。デザイン思考とは、デザイナーの思考様式を用いて問題解決を目指すものである。現場に足を運び、フィールドワークやインタビュー、行動観察を通じて、ターゲットとなる個人の期待や想いに「共感」することで課題を「定義」して、さまざまな専門分野をもつ学生たちの知識だけでなく思考そのものを集結させて解決策を「創造」し、解決策の本質部分を「プロトタイプ」して「テスト」する。

このd.schoolで取り上げられる問題は架空の演習問題ではなく、世界中の企業や公共機関から相談される、現実の問題である。有名な事例は、ネパールで活動する団体から依頼のあった「途上国で使える低価格な保育器の調査とデザイン」である。このプロジェクトは、スタンフォード大学内のさまざまな学部の学生が参加したチームが担当したが、このプロジェクトから生まれた、単にコストが低いだけでなく、従来の保育器とは異なり寝袋のような形をした保育器「エンブレイス」が大きなインパクトを与えた。

デザイン思考の特徴は「人間中心主義」にあるが、この人間中心とは「人間中心主義＝開発主義」対「人間非中心主義＝環境保全」という二項対立の「人間中心」ではない。あくまでも人間の楽しさ、辛さ、嬉しさ、迷いなどの感覚そのものに共感し、ポジティブな感覚ならそれを助長させ、ネガティブな感覚ならそれを排除するように課題設定するという、人間の感覚を中心にした考え方である。市場規模などの客観的データに基づいて課題設定するのではなく、あくまで「主観」が重要視される。d.schoolは、人間中心主義のデザイン思考を共通言語として、多くのバックグラウンドをもつ学生が集まる「共創の場」の実現である。

4・3 マネジメント教育の共創——ハーバードビジネススクール

ハーバードビジネススクール（ＨＢＳ）は、一八八一年設立のペンシルベニア大学のウォートン・スクールに次いで一九〇八年にハーバード大学に設立された歴史あるビジネススクールである。ＨＢＳが現在のＭＢＡ教育の基礎を築いたとされている。ＨＢＳの授業の最大の特徴は、「ケースメソッド」を徹底的に活用するケース原理主義にある。ＨＢＳでは実在の組織や団体の具体的な課題が記述された教材をもとに授業が行われる。さまざまな産業、さまざまな企業や病院、教育機関、ＮＰＯなどでの実社会の課題がＨＢＳには蓄積されている。課題を集めるためにＨＢＳは世界各国にスタッフを常駐させ、今の社会が抱える課題を教育に活かしている。

学生は事前にケースを読み込んだ上で授業に臨み、教員は解答を教えるのではなく、ファシリテーターとして「あなたがこの組織におり、問題に直面していればどう考えるか」を徹底的に考えさせ、ケース教材を学生の「経験」に転化させる。これは一種の反転授業である。この授業の肝は、異なる見解・価値観をもつ学生が議論を展開することにあり、それにより学生は相互に学び、自らの意見のポジショニングを理解する。また、膨大な課題を読み取ることで、マネジメントに必要な戦略、マーケティング、会計、アントレプレナーシップ、リーダーシップ、倫理、組織などの多岐にわたる知識を身につける。さまざまな経験・出自をもつ学生が課題に対峙して、新しいマネジメント手法を考えていくＨＢＳは、まさに「共創の場」である。

5. おわりに

現代は不確実性の高い社会であり、なすべきことはこれまでの延長線上になく、唯一の最適解がない複雑な問題で溢れている。社会の不確実性は未来に向かってどんどん増大するであろう。そのような社会では、新しい価値をいかにして創造するのかとともに、価値を創造できる人材をいかにして育てていくかが問われている。

本章では、パラハラードとラマスワミによる経営学的な知見とジョン・デューイによる教育学的な知見をもとにして、人が学ぶ共創の場について議論した。共創の場の基礎となるのは経験の共有であり、さらに経験のパーソナル化、ネットワーク化が必要になる。そして、質の高い経験の連続と、その相互作用の中で価値が創造される。

現代は、バウハウスが開校した一九〇〇年代初頭以上に、早いスピードで進化する科学技術に囲まれている。二〇二〇年以降、世界規模で蔓延している新型コロナウイルスの問題もあり、社会の不確実性と複雑性はさらに高まっていくと考えられる。そのような環境のなかで人間中心の社会を構築するために、個人の経験を中心とした価値共創プロセスの実現と、それを担う人材を輩出する共創教育が求められている。

終章 価値創造の方法——課題解決の限界を超える

菊池　誠・國部克彦・玉置　久

1. はじめに

序章で価値創造スクエアとその連鎖を紹介した。人間の行動や組織の活動の多くが課題解決であると考えられるが、課題解決の前後には期待と満足がある。人間の主観的な期待から始まり、期待が客観的な課題に形式化され、その課題が解かれて結果となり、結果に基づいて主観的な満足が得られるという、課題解決プロセスを表現したものが、序章2節で導入した課題解決の一本道モデルであった（図10-1）。

課題解決で本当に導きたいものは、結果や満足ではなく価値の創造である。ただし、価値は単純に満足から導き出されるものではなく、価値は「期待・課題・結果・満足」の相互作用の全体がもたらすものである。ここで、〈主観〉に関わる期待と〈客観〉に関わる課題は相互依存的な概念であり、どちらか片方のみを取り出して論じることはできない。同じことが結果と満足についてもいえる。価値はこのように不可分な〈主観〉と〈客観〉の相互作用の変化から生まれるものである。その相互作用の変化を表す図式が序章3節で紹介した価値創造スクエアであった（図10-2）。

一本道モデルを価値創造スクエアに重ね、さらに、満足が新しい期待を生み出すことを考えることで、序章4節の価値創造スクエアの連鎖のへび道モデルが得られた（図10-3）。

このへび道モデルは課題解決の連鎖を図式化したものである。ここで再び、（主観）と（客観）の相互作用と不可分性を考えると、へび道モデルは課題解決のモデルとしては適切ではなく、価値創造スクエアの基本形に対応する、価値創造スクエアの連鎖の基本形を考えるべきであることを序章4節で論じた（図10-4）。

図10-3で表される価値創造スクエアの連鎖のへび道モデルの満足と期待をつなぐ矢印の向きを変え、新しい期待や課題を古い期待や課題の上に重ねると、図10-5で表される価値創造スクエアの渦巻モデルが得られる。

よく知られている課題解決プロセスのモデルに、ソフトウエア開発のウォーターフォール・モデルや川喜田二郎のKJ法に関するW型モデル、生産管理や品質管理など経営管理での業務改善でよく用いられるPDCAサイクル、そして、課題達成のための意思決定プロセスについてのOODAループ、野中郁次郎のSECIモデルなどがある。価値創造スクエアとこれらのモデルの関係を詳しく検討すると、価値創造スクエアの特徴はどこにあるのか、なぜ既存の課題解決モデルは形骸化しやすいのか、既存の課題解決モデルの限界を超えるための鍵が何であるのかが見えてくる。この終章ではそのことについて論じる。

図 10-1 課題解決：一本道モデル（図 0-1 再掲）

期待 →[a] 課題 →[b] 結果 →[c] 満足

2. ウォーターフォール・モデルとＫＪ法のＷ型モデル

身近な家電製品から航空機や巨大な工場に至るまで、今ではあらゆる人工物にコンピュータが組み込まれている。航空機や大規模な化学プラントのように巨大で複雑な人工物には、規模の大きなソフトウエアが必要になるが、ソフトウエアは規模が大きくなると開発や保守、点検に必要となる時間とコストが劇的に増大する。このことはコンピュータが実用化されてから間もない一九六〇年代には意識されていた。ウォーターフォール・モデル（以下、滝型モデル）とは、

図 10-2 価値創造スクエア：基本型
（図 0-3 再掲）

課　題	→	結　果	（客観）
｜		｜	
期　待	→	満　足	（主観）

図 10-3 価値創造スクエアの連鎖：へび道モデル
（図 0-6 再掲）

（客観）	課題1	→	結果1		課題2	→	結果2		課題3 →
	↑		↓		↑		↓		↑
（主観）	期待1		満足1	→	期待2		満足2	→	期待3

図 10-4 価値創造スクエアの連鎖：基本型
（図 0-7 再掲）

（客観）	課題 1	→	結果 1	→	課題 2	→	結果 2	→	
	｜		｜		｜		｜		
（主観）	期待 1	→	満足 1	→	期待 2	→	満足 2	→	

こうした大規模なソフトウエア開発の問題に対処するために一九七〇年頃から用いられている、一本道に流れるソフトウエア開発のモデルである（図10-6）。

滝型モデルの［要求分析］は、一本道モデルにはない期待の構築に相当する。ただし、［要求分析］を滝型モデルに含めないことや、要求分析をシステム分析と呼ぶこともある。［要求定義］は一本道モデルの矢印［a］であり、［基本設計］［詳細設計］［製作・実装］は一本道モデルの矢印［b］を三分割したものである。［検証］は一本道モデルの矢印［c］である。一本道モデルは滝型モデルのいくつかの矢印をまとめて簡素化したものである。

W型モデル（注1）は文化人類学などフィールドワークを中心とする科学的活動を分析し、発想法を体系化するために、一九六〇年代後半に提唱された問題解決のモデルである（図10-7）。

W型モデルの特徴は、思考レベルと経験レベルを区別し、その行き来として課題解決をモデル化していることにある。CからDにつながる矢印［発想］を

図 10-5 価値創造スクエア：渦巻きモデル

課　題	→	結　果	（客観）
↑		↓	
期　待	←	満　足	（主観）

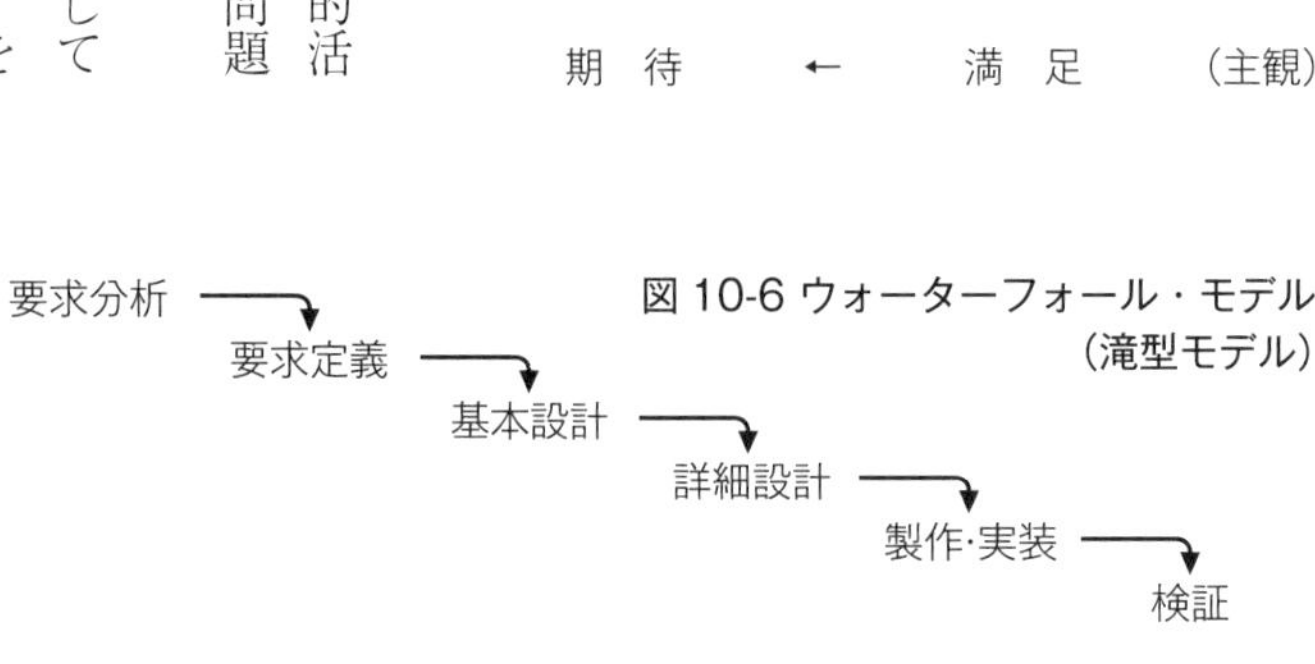

図 10-6 ウォーターフォール・モデル（滝型モデル）

実践する具体的方法として川喜田二郎が提唱したものがＫＪ法である。Ｗ型モデルのＡ［問題提起］とＤ［仮説の採択］はそれぞれ一本道モデルの期待と課題に、ＥとＨはそれぞれ結果と満足に対応する。一本道モデルはＷ型モデルのＡからＤに至る矢印を矢印［ａ］に、およびＥからＨに至る矢印を矢印［ｃ］にまとめたものである。

滝型モデルやＷ型モデルとよく似た課題解決のモデルに、デザイン思考と呼ばれているものがある。デザイン思考とは、技術者や経営者などの意思決定への応用を目指してデザイナーの認知過程をモデル化したもので、スタンフォード大学にd.schoolが設置された二〇〇四年以降に普及した。デザイン思考の考え方も多様であるが、典型的なものは、顧客の希望を理解するための共感、課題を明確化するための定義、課題を解決するための着想、製品の原型の試作、原型の検証の五項目からなるものである（図10-8）。

デザイン思考の中心には人間中心主義と呼ばれている思想があり、その思想のもとでは課題解決は時系列に沿ったプロセスであるとは限らない。そのため、デザイン思考の五項目は図10-8のように隣接する五つの六角形で表され

(1) 川喜田二郎『発想法』中公新書、一九六七年、23ページ。

図 10-7 W 型モデル[1]

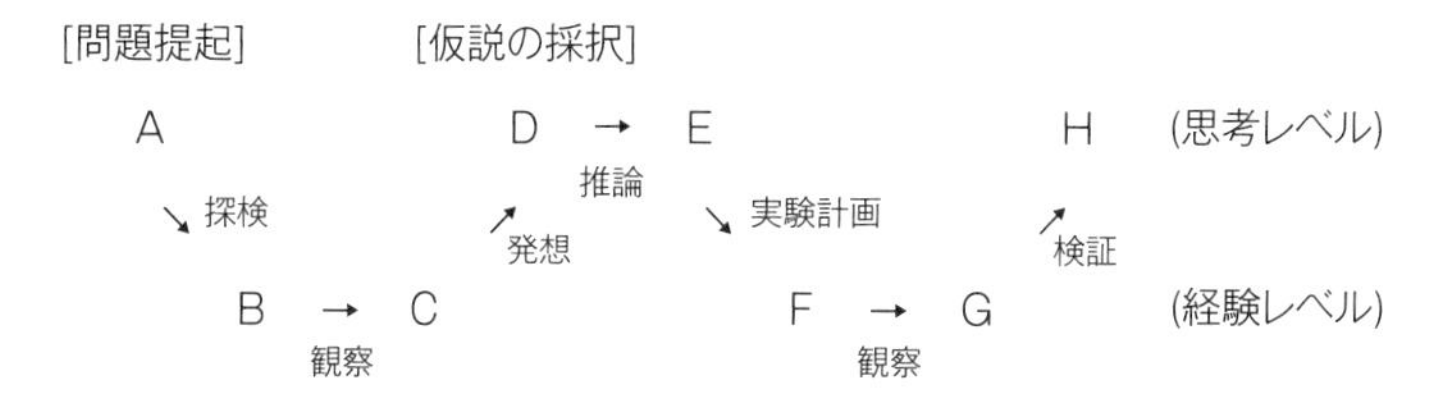

ていて、矢印でつなげられてはいない。しかし、この五項目は課題解決プロセスの一部分であり、実際には、それらが時系列を無視して実践されることはない。図10-8は［共感］から始まり［検証］に至るプロセスを表すと素朴に考えることが自然である。そのように考えると、［共感］は滝型モデルの［要求分析］に、［定義］と［検証］は一本道モデルの矢印［a］（期待→課題）と矢印［c］（結果→満足）に対応し、一本道モデルの矢印［b］（課題→結果）を二分割したものが［着想］と［試作］であることになる。

滝型モデルとデザイン思考はともに一本道モデルの矢印［b］を詳細化したものである。また、W型モデルは一本道モデルの矢印［a］と矢印［c］を詳細化したものであるが、特に矢印［a］に関心がもたれていることがデザイン思考と共通である。デザイン思考は滝型モデルとW型モデルの融合である。ただし、滝型モデルはすでに明確になっている課題を混乱なく達成することが目指されていて、矢印［b］が重要である。それに対してデザイン思考では課題の生成が問題になっており、矢印［a］およびその前段の［共感］が大きな意味をもつ。一本道モデルに重ねることで、滝型モデル、W型モデル、デザイン思考の共通点と相違点が明確になる。

滝型モデル、W型モデル、デザイン思考はいずれも課題解決のプロセスをい

図10-8 デザイン思考

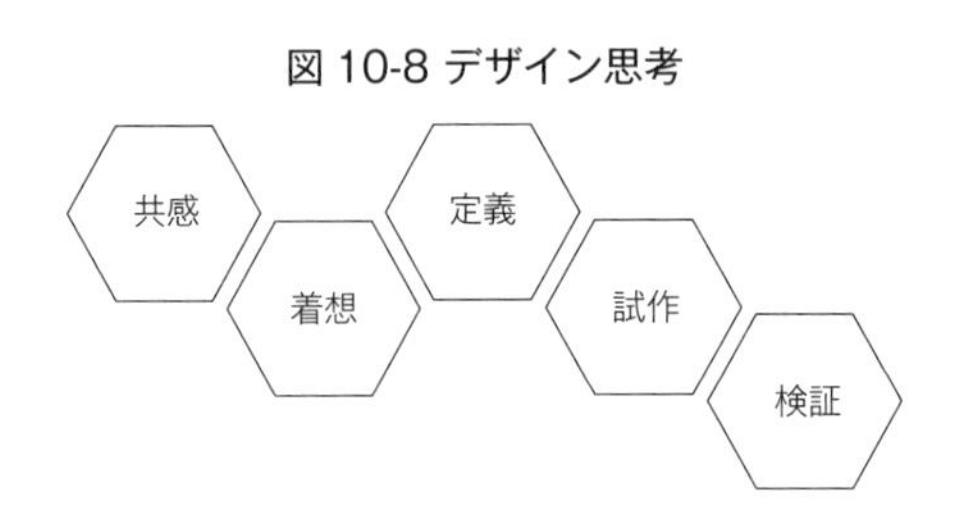

くつかの部分に分解し、その分解されたプロセスの実践方法を提示するものである。それに対して一本道モデルはプロセスをつなぐ節目に着目する。この違いは本質的である。このことは本章の最後で振り返る。

3．PDCAサイクルとOODAループ

PDCAとは計画（Plan）、実行（Do）、評価（Check）、改善（Act）の頭文字であり、PDCAサイクルとはこの四項目を繰り返し実施することによって、経営管理や業務の効率化を図るものである（図10-9）。

PDCAサイクルの計画（P）は業務計画の策定、実行（D）は業務の実行、評価（C）は実行結果が計画通りとなっているかの確認、改善（A）はその確認の結果を踏まえた改善点の検討である。ただし一般に、評価（C）は数値の確認など単純な作業であることが多いこと、また、最終的な目標は当初より明らかであり改善（A）の結果とすべき状態には変化が少ないことなどから、PDCAサイクルの中では評価（C）と改善（A）の占める割合が少なくなり、計画（P）と実行（D）に費やされる時間や手間が多くなる傾向がある。

図 10-9 PDCA サイクル

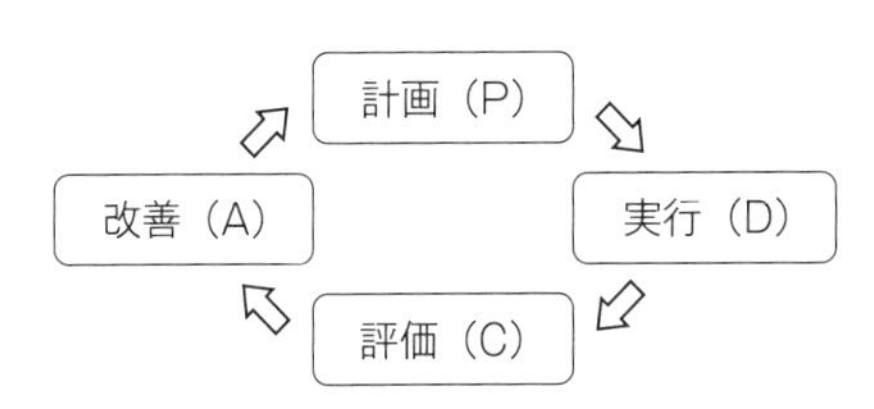

四本の矢印がつながっているPDCAサイクルには始まりも終わりもない。しかし、その名前が示すとおり、PDCAサイクルは、計画（P）から始まり、最終的には改善（A）を目指すと考えるのが自然であろう。PDCAサイクルが目指すのは管理である。PDCAサイクルの管理対象は個人の場合も、組織の場合もある。また、実質的には実行（D）は通常の業務の実施であること、PDCAサイクルの具体的な運用は会計期間に依存することが多いことなどから、PDCAサイクルの周期は長くなることが多い。

PDCAサイクルの計画（P）は期待を明確化し課題を設定することであり、改善（A）は何が次の期待となるべきかの検討であることに注意すると、PDCAという四項目はそれぞれ渦巻モデルの四本の矢印に対応することが分かる。したがって、図10-9のPDCAサイクルを反時計回りに90度回転させると、図10-5の渦巻モデルに重なる（図10-10）。

先に説明したようにPDCAサイクルは計画（P）から始まり、改善（A）で終わる。すなわち、PDCAサイクルは期待に始まり、期待に終わる。このことはPDCAサイクルが品質管理や業務改善という目的から生まれてきたことの当然の帰結である。

OODAループは軍事、特に、戦闘機による敵機撃墜のプロセスのモデル化

図 10-10 PDCA サイクル × 価値創造スクエア

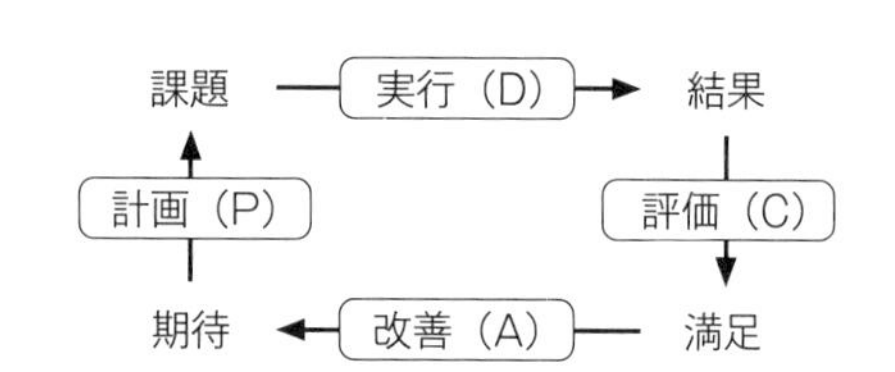

から生まれたものである。ＯＯＤＡとは観察（Observe）、定位（Orient）、決定（Decide）、行動（Act）の頭文字で、ＯＯＤＡループはこの四項目の繰返しによって構成される（図10-11）。

ＯＯＤＡループの観察（Ｏ）は状況の客観的な把握、定位（Ｏ）は状況への適用や方向づけ、決定（Ｄ）は行動の内容と方法の選択、行動（Ａ）は選択された内容や方法の実行である。ＯＯＤＡループでは、この四項目の中で、特に定位（Ｏ）を「ビッグＯ」と呼んで重視する。ただし実際には、この定位（Ｏ）は何をなすべきなのかが曖昧で実施が困難なものでもある。

ＰＤＣＡサイクルと同様に、四本の矢印がつながっているＯＯＤＡループには始まりも終わりもない。しかし、やはりその名前が示すように、ＯＯＤＡループは本来、観察（Ｏ）から始まり、行動（Ａ）で終わるものである。そして、ＰＤＣＡサイクルとは対照的に、ＯＯＤＡループの場合は四項目を決定するのは管理者ではなく一人ないし比較的少人数の現場の人間である。また、ＯＯＤＡループの四項目はいずれも機敏な実践が求められる。ＯＯＤＡループは短期間のうちに頻繁に回してこそ意味をもつ。

ＯＯＤＡループの定位（Ｏ）は期待の構成に、決定（Ｄ）は課題の設定に対応することに注意すると、ＯＯＤＡという四項目もまた、それぞれ渦巻モデル

図 10-11 OODA ループ

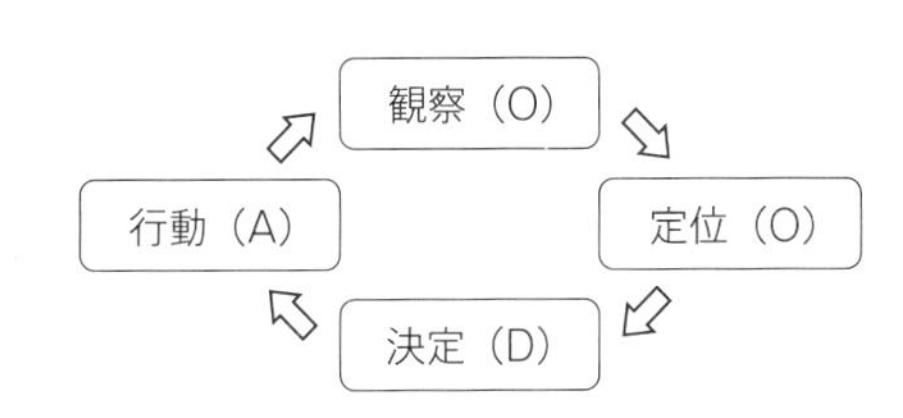

の四本の矢印に対応することが分かる。したがって、図10-11のOODAループを、PDCAサイクルのときとは逆向きに、時計回りに90度回転させると、図10-5の渦巻モデルに重なる（図10-12）。

先に説明したようにOODAループは観察（O）から始まり、行動（A）で終わる。すなわち、OODAループは結果に始まり、結果に終わる。このことはOODAループが課題達成という目的から生まれてきたことの当然の帰結である。

単純に図式として見れば、PDCAサイクルとOODAループは、頂点の名前が微妙に異なるが、基本的に同じ四角形である。しかし、PDCAサイクルやOODAループにはそれぞれ、その共通の図式には現れていない固有の考え方がある。そのため、それらの適用範囲は限定的であり、妥当性を無視したそれらの活用は、効果をもたないばかりか、混乱や弊害を引き起こしてしまう。ただし、適用範囲が限定的であることは、決して、それらの欠点ではない。限られた対象を考えているからこそ、PDCAサイクルやOODAループは空虚な抽象論に陥らず、実用的な道具であり続けるのであろう。

さて、図10-10と図10-12を重ね合わせて、期待・課題・結果・満足という渦巻モデルの四頂点を基準にPDCAサイクルとOODAループを同時に見る

図 10-12 OODA ループ × 価値創造スクエア

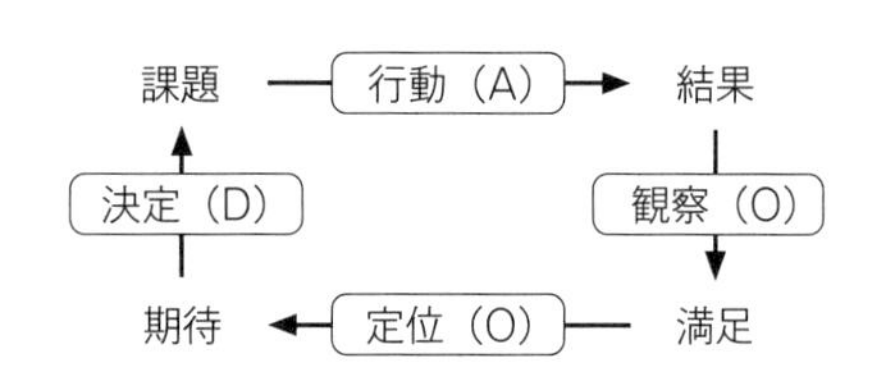

と、PDCAサイクルとOODAループの共通点と相違点が浮かび上がってくる（図10-13）。

PDCAサイクルとOODAループでは、渦巻モデルの同じ場所にある改善（A）や定位（O）の難しさが共通している。PDCAサイクルでは、改善（A）は、本来、PDCAサイクルの中でもっとも重要な役割を担うべきものである。しかし実際には、先に論じたように、改善（A）はPDCAサイクルの中では存在感をもたないことが多い。また、OODAループでは、定位（O）は「ビッグO」と呼ばれ重要視されているが、具体的に定位（O）を実践することは難しい。この二つはいずれも渦巻モデルの下辺に位置し、期待につながる矢印に対応する。序章3節で論じたように、期待は言葉で表すことが難しい。この期待を記述することの難しさが、改善（A）や定位（O）の難しさの原因であろう。

PDCAサイクルとOODAループの相違点は、変化するもの、変化しないものにある。先に説明したように、PDCAサイクルは期待に始まり、期待に終わる。期待はPDCAサイクルの要である。ことさらに必要が生じなければ、PDCAサイクルを回していく過程で、期待それ自身は大きく変化させるべきではない。期待がまったく違ったものになるのなら、別のPDCAサイク

図 10-13 PDCA サイクル ×OODA ループ

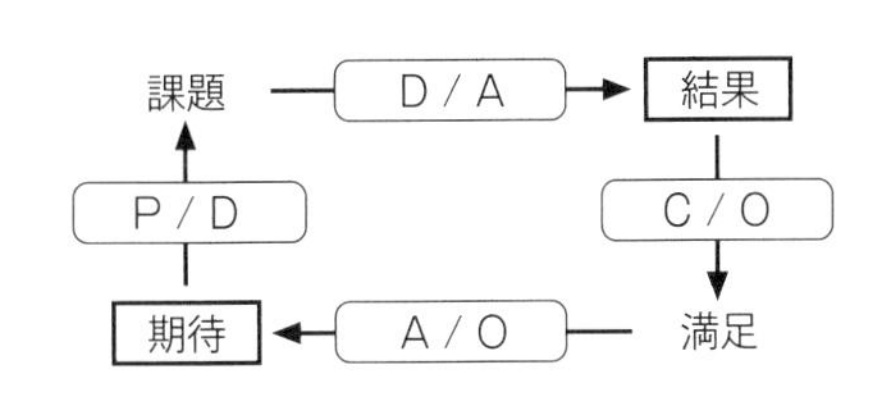

ルが始まったと考えるべきであろう。しかし、価値創造スクエアの期待以外の三頂点は、ＰＤＣＡサイクルを回していく過程で自由に変化させて構わないし、変化させるべきである。一方、ＯＯＤＡループは結果に始まり、結果に終わる。ＯＯＤＡループの要は結果である。したがってＯＯＤＡループでは、結果は大きく変化させるべきではなく、残りの三頂点は自由に変化させるべきである。ここにＰＤＣＡサイクルとＯＯＤＡループのもっとも大きな違いがある。

このＰＤＣＡサイクルとＯＯＤＡループの特徴を見失うと、ＰＤＣＡサイクルもＯＯＤＡループも形だけの意味のないものなる。価値創造スクエアの四頂点すべてを固定しても、四本の矢印は変化させられる。しかし、それでは自由度が小さくなり、目標の達成は難しくなる。変えてはならないものを変えては道を見失う。しかし、変えるべきものを変えなければ力は出せない。

4. 課題解決の形骸化

ＰＤＣＡサイクルで難しいのは満足を期待につなぐ矢印である改善（Ａ）であった。序章4節で議論した通り、満足を期待につなぐ矢印には対になるべき結果を課題につなぐ矢印がある。結果を課題につなぐこの矢印は、出発点も行き先も明確で考えやすいので、しばしば、結果を課題につなぐこの矢印が改善（Ａ）の代用物になる。

この代用物は期待や満足を参照しないので、何ら方向性を持ち合わせておらず、いくら課題に修正をかけるとしても、その修正が望ましい方向に向かっているかどうかは判断できない。その意味で、この代用物は改善（A）そのものではなく、「改善もどき」と呼ぶべきものであろう。そして、この改善もどきは、課題を生み出すという意味では改善（A）だけでなく計画（P）の役割も担うことになる（図10-14）。

この改善もどきを使うと、評価（C）も改善（A）も機能しなくなる。これはPDCAサイクルにおいて、評価（C）と改善（A）の役割が小さくなりすぎて、それらが実質的に消滅した状態である。これは簡便さを求めてPDCAサイクルを極端に単純化したものであるとも考えられるが、ここまで単純化するとPDCAサイクルは完全に形骸化し、まったく役に立たなくなる。これはPDCAサイクルが破綻する典型的な場合であろう。

OODAループと似た図式に、自衛隊が採用するIDAサイクルがある（注2）。IDAサイクルは情報（Information）、決心（Decision）、実行（Action）がなすサイクルであり、特に重視されているのが情報（I）である。この情報（I）はOODAループの定位（O）に対応すると考えられているが、IDAサイクルはOODAループの観察（O）を情報（I）と呼び、OODAループ

（2）折木良一『経営学では学べない戦略の本質』KADOKAWA、二〇一七年。

図 10-14 形骸化したPDCAサイクル

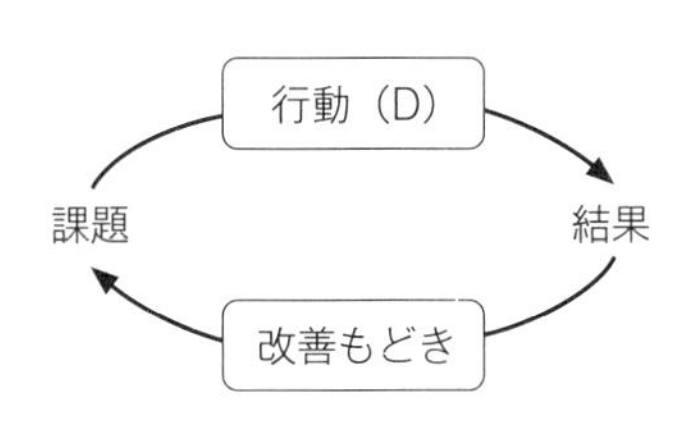

の定位（O）と決定（D）を決心（D）に一まとめにしたOODAループの単純化であるとも考えられよう（図10-15）。

組織や機械などの人工物を構築し運用するための工学的な概念に計画と制御がある。計画は意図した機能をもつ人工物を作るための概念で、実施するための基準となる時間は比較的長い。PDCAサイクルは計画に対応する。制御は人工物を効率的に用いるための概念で、実行するための基準となる時間はきわめて短い。OODAループは制御に対応する。計画を立てるときには期待を無視してはならない。しかし、制御を行う際には期待を意識する必要はないし、期待を意識することが効率を下げる場合もあり、むしろ期待は意識しない方がよい。IDAサイクルはOODAループを単純化しただけのものではなく、無駄な概念を省いてOODAループを効率化したものである。

IDAモデルの情報（I）と決定（D）が一体化すると、課題と結果のみを行き来する往復運動になって、PDCAサイクルの形骸化と同じことが起きる。ただし、結果がすべてであれば、それでも構わない。課題と結果の往復運動が問題になるのは、課題解決が生み出す価値が求められるときである。価値は（主観）と（客観）の双方に関わる。図10-14のように課題解決の場から期待や満足が省かれ、すべてのプロセスが（客観）の世界で閉じてしまうと、価値

図 10-15 IDA サイクル × 価値創造スクエア

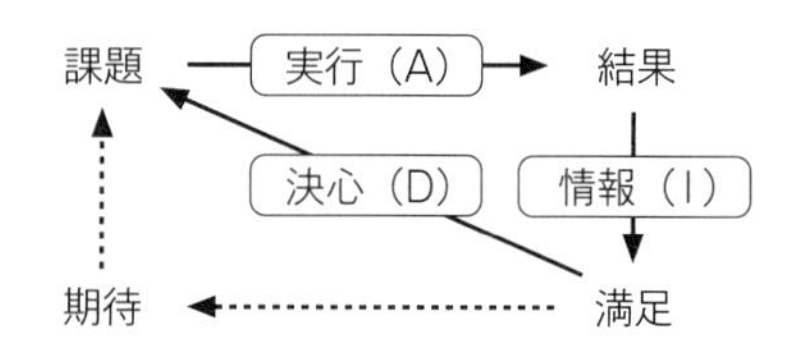

値の創造はおぼつかなくなり、課題解決は形骸化する。

5. SECIモデル

PDCAサイクルやOODAループと似た、知識創造に関する図式に、野中郁次郎が提唱したSECIモデルがある(注3)。SECIとは共同化(Socialization)、表出化(Externalization)、連結化(Combination)、内面化(Internalization)の頭文字であり、SECIモデルはこの四項目の繰り返しによって構成される。

SECIモデルでは知識が暗黙知と形式知に分類される。暗黙知は表現し難い主体的な経験に基づく知識であり、形式知は言葉で表現され体系化された知識である。この暗黙知と形式知はそれぞれ価値創造スクエアの〈主観〉と〈客観〉に対応する。SECIモデルにおける共同化(S)は体験の共有や共感を通して暗黙知を形成することであり、表出化(E)は暗黙知を言語化することである。連結化(C)は関連する概念を組み立ててモデルや物語を構成することであり、内面化(I)はモデルや物語を実践し暗黙知を習得することである。知識創造の文脈では期待・課題・結果・満足という言葉は適切ではないだろうが、暗黙知と形式知をそれぞれ〈主観〉と〈客観〉に対応させると、SECIモデルもまた図10-5の渦

(3)野中郁次郎・竹内弘高『知識創造企業』東洋経済新報社、一九九六年。

巻モデルと重なる（図10-16）。

ＰＤＣＡサイクルが業務改善、ＯＯＤＡループが意思決定を目指すのに対して、ＳＥＣＩモデルは知識創造を目的とする。初めから三つの図式の目的は異なる。そして、この三つの図式を渦巻モデルに重ねると、ＰＤＣＡサイクルとＯＯＤＡループの出発点がそれぞれ期待と結果であるのに対して、ＳＥＣＩモデルの出発点が満足であるという違いが見えてくる。

なお、渦巻モデルの四頂点の最後の一つ、課題を出発点とする図式も考えられる。たとえば、自分自身で課題を設定し、その課題と結果によって評価するＭＢＯ（目標管理制度）は課題（Objectives）を出発点とするマネジメント手法である。ＭＢＯで重要な役割を果たす主体的な自己管理は（主観）に対応し、ＭＢＯの背後にもやはり渦巻モデルの四つの矢印があると考えられる。このＭＢＯも（主観）である主体的な自己管理を見失い、（客観）の世界で話が閉じて図10-14のように課題と評価を往復するだけになると、形骸化する。

循環する四本の矢印からなるＰＤＣＡサイクル、ＯＯＤＡループ、ＳＥＣＩモデルの三つの図式は出発点が違う。ただし、ＳＥＣＩモデルと、ＰＤＣＡサイクルやＯＯＤＡループの一番大きな違いは、ＳＥＣＩモデルでは暗黙知と形式知、すなわち（主観）と（客観）が区別されていて、ＳＥＣＩの四項目がこ

図 10-16 SECI モデル × 価値創造スクエア

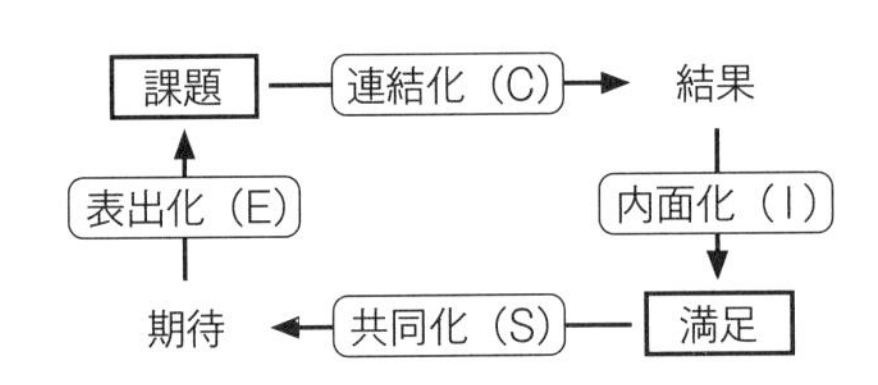

の区別に基づいて分類されている点にある。少なくとも表面上は、このような区別はＰＤＣＡサイクルやＯＯＤＡループにはない。

ただし、もしも3節で紹介したようにＰＤＣＡサイクルやＯＯＤＡループを価値創造スクエアに重ねて解釈するのなら、これらの図式においても〈主観〉と〈客観〉の区別はあるし、その区別は重要である。そして、その解釈のもとでは、ＰＤＣＡサイクルやＯＯＤＡループが形骸化するのは、課題と結果の間のみを行き来するようになり、〈客観〉の世界に閉じこもったときである。

素朴な課題解決の方法の多くは、課題を出発点にし、〈客観〉にある課題と結果を往復するだけのものである。ＰＤＣＡサイクルやＯＯＤＡループもまた〈客観〉の世界に閉じたものであると考えられないことはない。しかし、価値創造スクエアとの関係を見れば、形骸化していない本来のＰＤＣＡサイクルやＯＯＤＡループは〈客観〉の世界に閉じたものではなく、むしろ〈客観〉の世界で進められがちな課題解決に〈主観〉を取り込むための思考の道具であると考えるべきであろう。

6. 主観と客観

さて、ＰＤＣＡサイクルなどの図式はいずれも渦巻モデルの四頂点をつなぐ矢印で構成されていた。ここでは四本の矢印をそれぞれ、設定（Set）、実行（Execute）、評価（Evaluate）、反省（Reflect）と呼ぶことにする（図10-17）。

この四項目の中の反省（R）とは、課題解決の結果に満足できなかったときになぜ満足できなかったのかを、そして、満足が得られたときにほかに望みはないのかを考えることである。PDCAサイクルでもOODAループでも、難しいのはこの反省（R）に相当する部分であった。図10-15のように、反省（R）の代わりに結果を課題につなぐ別の矢印を作ると、これらの図式は形骸化する（図10-18）。

SECIモデルは出発点を満足に置いて反省（R）を強く意識することで、この形骸化を防ごうとする試みであるとも解釈できよう。

ただし、図10-17という図式には根本的な問題がある。図10-17の反省（R）と実行（E）はいずれも（主観）と（客観）で閉じている。（主観）の世界では何をしたらよいのかが分からず動きが鈍く空虚になりがちである。これが反省（R）の難しさである。一方、（客観）の世界では結果ばかりを追い求めて動きが短絡的になりやすい。これが実行（E）が抱える問題である。（主観）と（客観）の間を行き来できても、それらを別々に考えていれば、やはり話はうまく進まない。

（主観）と（客観）を別々に考えることは、本来、深い関係のある設定（S）と評価（E）を個別に考える弊害も生み出す。実際、どのような組織において

図 10-17 四頂点と四本の矢印

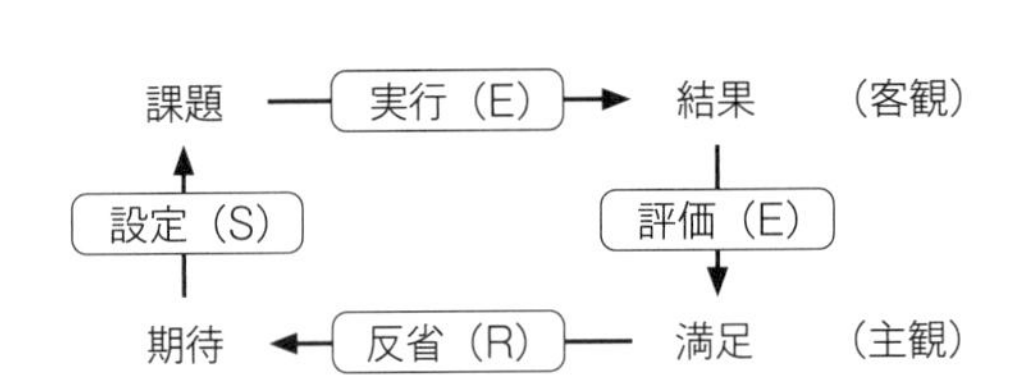

も、評価方法を考慮しない安易な課題の設定や、課題の設定方法を顧みない評価のための評価に満ちている。論文の評価方法を考えることなく、論文を何本以上執筆するという課題を設定する。資金獲得の目的や手段を振り返ることなく、取得した資金の額だけで組織の活動を評価する。このような歪んだ状況は、(主観)と(客観)を別々に考えることが引き起こしている。

図10-17の背後には、(主観)と(客観)は独立であるという素朴な、そして強烈な信念がある。しかし、(主観)と(客観)は一枚の紙の表裏のようなもので、普段は片面ずつしか見ることができなくても、片面だけで存在できるものではない。(主観)と(客観)が独立であるという信念から自由になるためには、新しい期待を古い期待に重ねる図10-17ではなく、新しい期待と古い期待を明確に区別する図10-19を考えるべきである。

この図10-19には二つの特徴がある。一つの特徴は、実行(E)と反省(R)がともに二重になっていることである。序章3節で論じたように、課題を結果につなぐときには、期待が満足につながっているかを常に振り返るべきである。この振り返りができれば、実行(E)は結果ばかり追い求める短絡的なものにはならない。また、満足を次の期待につなぐときには、結果から導き出される課題は何であるのかを常に考慮すべきである。この考慮ができれば、反省

図 10-18 反省もどき

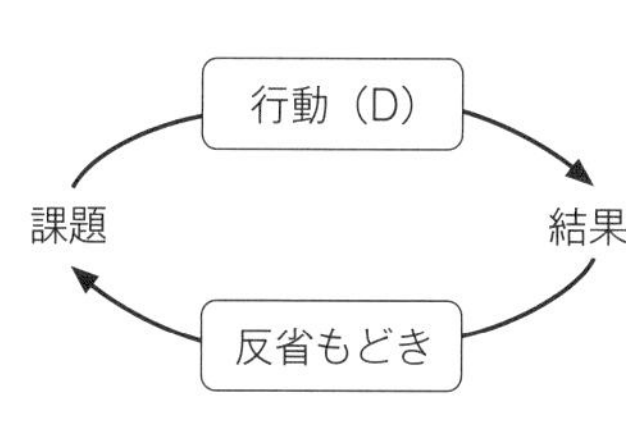

（R）は動きの鈍い空虚なものにはならない。（主観）での動きと（客観）での動きは個別に議論せず、常に組にして考えるべきである。

もう一つの特徴は、設定（S）と評価（E）には上下方向の矢印が付いていないことである。序章3節で議論したように、期待から課題が導かれるだけでなく、期待そのものが課題から作り出されることがある。結果が満足につながるだけでなく、結果それ自身が満足によって作り出させることがある。この双方向性を意識し、常に「期待と課題」「結果と満足」を組にして考えることは、評価（E）を考慮しない課題の設定（S）や、課題の設定（S）の方法を顧みない評価（E）を避けることにつながるであろう。

この二つの特徴をもつ図10-19は、図10-4で紹介した価値創造スクエアの連鎖にほかならない。図10-1の一本道モデルや図10-5の渦巻モデルに重なる課題解決プロセスのモデルでは、価値の創造を考えることは難しい。価値の創造について論じるためには、価値創造スクエアとその連鎖について考える必要がある。

図 10-19 二重の実行と反省

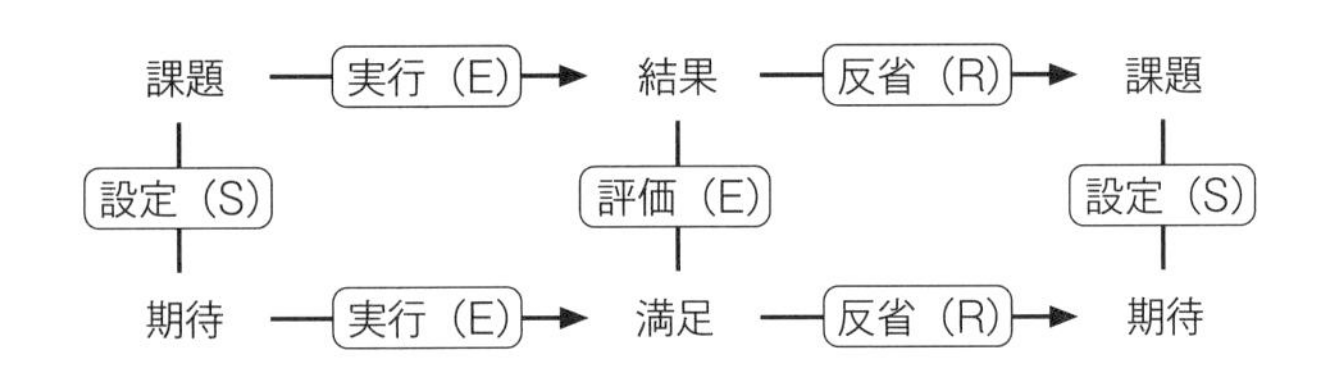

7. おわりに

2節の最後で論じたように、滝型モデルやW型モデル、デザイン思考では課題解決のプロセスが論じられていて、プロセスをつなぐ節目は話題になっていない。四本の矢印からなるPDCAサイクルやOODAループなどの図式についても同じことが言える。

私たちが実世界で実践し経験するのはプロセスである。行動の規範や実践方法を求めるのであれば、プロセスに関心が向くのは当然である。しかし、プロセスばかりを見ていると、やがて手段と目的を取り違えて、そもそも何をしたかったのかを見失ってしまう。意味のある行動を実践するためには、プロセスを考えるだけでなく、「今あるものが何であり、どこを目指しているのか」を常に意識していなければならない。

価値創造スクエアは、その四本の矢印をつなぐ四頂点について考えるための図式である。四角形の辺と頂点は双対的であり、その双対性を考えることで〈主観〉と〈客観〉の関係の重要性が明らかになる。

常に〈主観〉と〈客観〉の組を考え、それらを調和させることは、単なる課題解決ではない価値創造を実現するために必須であり、形骸化しやすい既知の

図 10-20 価値創造の場

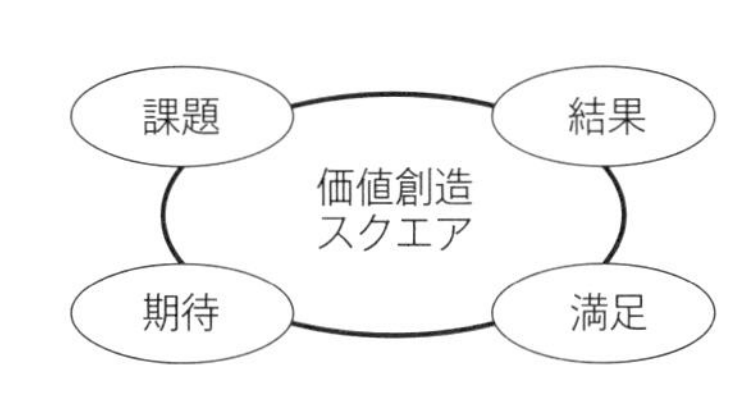

課題解決の手法の限界を乗り越える鍵であろう。そして、（主観）と（客観）を調和させるためには、いきなり価値創造を複数のプロセスに分解するのではなく、まず、「期待・課題・結果・満足」が作る「価値創造の場」を考え、次に、その「価値創造の場」の上に描かれる具体的なプロセスについて論じるべきであろう。この「価値創造の場」が価値創造スクエアである（図10-20）。

あとがき

読者の皆さんは、本書を読み終えてどのように感じているだろうか。よく分かった？　余計に分からなくなった？　後者が正直なところだろうか。

本書は矛盾に満ちている。いや、あえて控えめにいっても、本書の議論はまだまだ体系化されてはいない。表層的な言葉遊びならいくらでもできるが、「価値創造」はそう簡単には理解できないのである。あるいは、そもそも「価値を創造する」なんて、できないのかもしれない。本書は、このような気持ちで批判的に読んでもらいたい。そうすれば、本書の各章で著者のいいたいことが浮かび上がり、難題に立ち向かった著者の意気込みを感じてもらえるはずである。そこに本書の真価がある。

さて、本書の中心的なテーマの一つに「創発」がある。「創発」については一九九〇年代に、神戸大学の先輩の先生方によって「創発システム」や「創発的シンセシス」などの研究プロジェクトが活発に進められていた。その中心におられたのは北村新三先生、上田完次先生、角田譲先生である。これらの先生方の弟子が再び V.School に集結している。

当時はいわゆるシステム論をよりどころにして、もっぱらプロセスという視点から「創発」について考えていた。ものづくりのプロセス、デザインのプロセス等々である。しかしながら、「何が創発するのか?」という視点がほとんど取り上げられていなかったように思う。どことなくモヤモヤしていた点である。その研究プロジェクトのメンバであった研究者が、V.Schoolで社会科学系の研究者に出会い、「創発」が「価値」につながった。「何が創発するのか?」と「どのように創発するのか?」が、「価値」の概念で結びついたのである。これら二つの見方が価値創造スクエアに埋め込まれている。

この価値創造スクエアは、「価値」や「価値創造」にアプローチするための思考のモデルである。「価値創造のプロセス」を描いたものでも、「価値創造の方法論や手順」を与えるものでもない。このモデルに「価値」は要素としては含まれていない。「価値」はこのモデル上に動線を引いた結果として生まれる。動線の引き方は、終章に書かれているいくつかのサイクルの事例がいくらか参考になるであろう。しかしながら、そこに直接的な答えがある訳ではない。そもそも「主観と客観の区別」を前提とする価値創造スクエアそれ自身がよく分からない。

ただし、たとえば、終章の議論から次の「三つの教訓」が得られるであろう。

(1) 目的と手段を区別せよ。
(2) 変えるべきものと変えてはいけないものを区別せよ。
(3) タイムスケールの長短を区別せよ。

この「三つの教訓」それぞれの主張はありきたりである。「主観と客観の区別」とも関係がない。これで十分なら、価値創造スクエアなど要らないようにも思える。しかし、ポイントは「三つの教訓」がセットになっていることにある。「三つの教訓」は互いに関係していて、組み合わせたときに大きな力を持つ。そして、その組み合わせ方が価値創造スクエアに書かれている。

「主観と客観の区別」のような高尚な議論ではなく、「三つの教訓」くらい具体的でなければ、使い物にはならない。もちろん、「三つの教訓」ですべてではない。読者の皆さんには是非とも、価値創造スクエアから自分自身の教訓を見つけ出して、本書を「価値」のある実用書に昇華させてもらいたい。

それにしても、「価値」は難しい、況んや「価値創造」においてをや、である。

二〇二一年二月五日

玉置 久・菊池 誠

小池淳司（こいけ あつし）　…………………第6章

神戸大学大学院工学研究科教授、V.School協力教員、博士（工学）。専門は土木計画学。著書に『社会資本整備の空間経済分析』（コロナ社、2019年）などがある。
これまで、社会基盤の計画をする上で、国民の幸福や国家の安寧を研究してきました。今回、改めて価値を考え直すことで、多くのことに気づくと同時に、価値とは学問そのものあり方であると再認識しました。

忽那憲治（くつな けんじ）　…………………第7章

神戸大学大学院経営学研究科教授、科学技術イノベーション研究科教授、V.School価値設計部門長、博士（商学）。専門はアントレプレナーファイナンス。著書に『ケースブック大学発ベンチャー創出のエコシステム』（中央経済社、2020年）などがある。
社会実装のためには、イノベーションのアイデアをヒト・モノ・カネ・情報に関する戦略に落とし込み、実践していく必要があります。V.Schoolでは、教育と実践を通じて価値創造に取り組んでいきたいと思っています。

坂井貴行（さかい たかゆき）　…………………第7章

神戸大学V.School教授、博士（学術）。専門はテクノロジー・コマーシャライゼーション（科学技術の商業化）。著書に『産学連携学入門』（産学連携学会、2016年）などがある。
イノベーションは、提供する製品やサービスの変革を目指す「発明×商業化」だと言われています。大学などに埋もれた優れた研究成果をひとつでも多く世に出していきたいと考えています。

藤井信忠（ふじい のぶただ）　…………………第8章

神戸大学大学院システム情報学研究科准教授、V.School価値設計部門副部門長、博士（工学）。専門分野は生産システム工学、サービス工学。著書に*Service Engineering for Gastronomic Sciences*（Springer、分担執筆）などがある。
生産システム、サービスシステム、農林業システム、都市システムなど、さまざまな分野における価値創発と共創について研究しています。近年はワークショップを通じて、地域コミュニティの価値創出にも取り組んでいます。

鶴田宏樹（つるた ひろき）　…………………第9章

神戸大学V.School准教授、博士（農学）。専門は構造生物化学、価値工学。
生体高分子が持つ機能発現の“場”を考えることが、新しい価値を生み出す“場”を理解することにもつながっていることに気づき、興味の対象がナノメートルの世界から人間社会へ拡がりました。価値共創の場のダイナミクスに興味があります。

企画：神戸大学バリュースクール（通称、V.School）

2020年4月に神戸大学の部局・研究科横断組織として設置。価値創造教育の学内および学外への展開を目指す。価値創発部門と価値設計部門を持ち、スクール長（1名）、部門長（2名）、副部門長（4名）、専任教員（3名）、協力教員（20名）で構成（2021年1月現在）。
http://www.value.kobe-u.ac.jp/

執筆者紹介

（＊は編者）

武田 廣（たけだ ひろし） ……………………第1章

神戸大学長、理学博士。専門は高エネルギー物理学（素粒子実験物理学）。「ヒッグス粒子の発見」により、2013年欧州物理学会賞をATLAS実験グループで受賞。
万物の基本的構成要素を探求する素粒子物理学者として、生命・人間・宇宙の存在に強い興味を抱いてきました。新型コロナウイルス禍において、文理の枠を超えて、我々の存在の価値をどこに求めるかが問われていると思います。

國部克彦（こくぶ かつひこ）＊ ……………………第2章、序章、終章

神戸大学副学長、大学院経営学研究科教授、V.School長、博士（経営学）。専門は社会環境会計。著書に『創発型責任経営』（日本経済新聞出版社、2019年）などがある。
これまで会計学の立場から価値評価研究を進めてきましたが、V.Schoolに関わるようになり、価値創造の実践が、人間が自由に創意工夫できる民主的な社会を促進する営みでもあることに気づくことができました。

祇園景子（ぎおん けいこ） ……………………第3章

神戸大学V.School助教、博士（工学）。専門は生命工学、科学コミュニケーション。思考の発散・収束を体験・実践できるワークショップのファシリテーターを務める。
学生のときから約十年のあいだ開発に携わった遺伝子組換え作物は社会へ価値をもたらしませんでした。科学・技術が社会へ価値をもたらすには、研究活動だけでなく、研究と社会をつなぐコミュニケーションが必要なのだと気づきました。

玉置 久（たまき ひさし）＊ ……………………第4章、序章、終章

神戸大学大学院システム情報学研究科教授、V.School価値創発部門長。博士（工学）。専門はシステム工学。著書に『システム最適化』（編著、オーム社、2005年）などがある。
これまで専ら工学的視点からシステムの最適化や学習、創発に関わる研究を進めてきました。そこでは、価値を担うモノやコトを対象にしてきたのですが、V.Schoolに関わるようになって、価値そのものの概念やその創発過程が肝要かつ不可避であることをあらためて認識しています。

菊池 誠（きくち まこと）＊ ……………………第4章、序章、終章

神戸大学大学院システム情報学研究科教授、V.School価値創発部門副部門長、博士（理学）。専門は数学基礎論。著書に『不完全性定理』（共立出版、2014年）などがある。
数学を形式的に理解することの限界や、言葉の意味や人工物の機能、価値など主観的で数学的な扱いが難しい概念が、どのように理解可能であるのかに興味があります。

長坂一郎（ながさか いちろう） ……………………第5章

神戸大学大学院人文学研究科教授、V.School協力教員、博士（工学）、専門はデザイン理論。著書に『クリストファー・アレグザンダーの思考の軌跡』（彰国社、2015年）などがある。
これまでデザインという行為について探究を進めてきました。V.Schoolで価値とは何かを問う中で、デザインとは使用と逸脱を構想することによって、結果として価値をもたらす行為だということに思い至りました。

価値創造の考え方
期待を満足につなぐために

2021年3月15日　第1版第1刷発行

企　画 ―――――― 神戸大学バリュースクール
編　者 ―――――― 國部克彦・玉置 久・菊池 誠
発行所 ―――――― 株式会社 日本評論社
〒170-8474　東京都豊島区南大塚3-12-4
電話（03）3987-8621［販売］
（03）3987-8599［編集］
印　刷 ―――――― 精文堂印刷株式会社
製　本 ―――――― 株式会社難波製本
装　幀 ―――――― 銀山宏子

Printed in Japan
ISBN978-4-535-55994-3